HEIKE JUNG

Das Züchtigungsrecht des Lehrers

Schriften zum Strafrecht

Band 25

Das Züchtigungsrecht
des Lehrers

Von

Prof. Dr. Heike Jung

DUNCKER & HUMBLOT / BERLIN

CIP-Kurztitelaufnahme der Deutschen Bibliothek

Jung, Heike

Das Züchtigungsrecht des Lehrers. — 1. Aufl. —
Berlin: Duncker und Humblot, 1977.
  (Schriften zum Strafrecht; Bd. 25)
  ISBN 3-428-03945-9

Vorwort

Die Arbeit hat der Rechts- und Wirtschaftswissenschaftlichen Fakultät der Universität des Saarlandes im Rahmen meines Habilitationsverfahrens vorgelegen, das im Juli 1976 abgeschlossen worden ist. Unterdessen deutet sich eine gewisse Bewegung in der erstarrten Front der Rechtsprechung zum schulischen Züchtigungsrecht an. Die zunehmende „Verrechtlichung" des Schulwesens in den einzelnen Bundesländern hat auch die kriminalpolitische Diskussion angeregt. Sicher tragen meine Überlegungen in manchem eher thesenartigen Charakter. Gleichwohl hoffe ich, dadurch zur Klärung der mit der Rechtsfigur des schulischen Züchtigungsrechts zusammenhängenden Fragen, aber auch zur weiteren systematischen Durchdringung der Rechtfertigungsgründe beizutragen.

Den Strafrechtslehrern an der Universität des Saarlandes und Herrn Dr. G. Ellscheid danke ich für vielfältige Anregungen.

Hamburg, im April 1977

Heike Jung

Inhaltsverzeichnis

Einführung 11

I. Überblick über den Streitstand 13

II. Die schulische Züchtigung als körperliche Mißhandlung 19

III. Züchtigungsrecht des Lehrers als originärer Rechtfertigungsgrund   26

    A. Kompetenzrechtliche Qualifikation 27

    B. Die Rechtsentwicklung in den einzelnen Bundesländern 36

    C. Zur Derogation des gewohnheitsrechtlichen Züchtigungsrechts .. 40

    D. Züchtigungsrecht und das Grundrecht der körperlichen Unversehrtheit (Art. 2 Abs. 2 S. 1 GG) 47

    E. Strafbarkeitslücke als Folge der Verfassungswidrigkeit eines gewohnheitsrechtlich begründeten Züchtigungsrechts 56

IV. Die Übertragbarkeit des elterlichen Züchtigungsrechts auf den Lehrer 68

V. Körperliche Züchtigung und Notwehr 75

VI. Schlußbetrachtung 89

Literaturverzeichnis 95

Abkürzungsverzeichnis

a. A.	=	anderer Ansicht
ABl.	=	Amtsblatt
Abs.	=	Absatz
AcP	=	Archiv für die civilistische Praxis
a. F.	=	alte Fassung
AG	=	Amtsgericht
allg.	=	allgemein
Amtl. Begr.	=	Amtliche Begründung
Anm.	=	Anmerkung
Art.	=	Artikel
Aufl.	=	Auflage
ausf.	=	ausführlich
Bd.	=	Band
bearb.	=	bearbeitet
BGB	=	Bürgerliches Gesetzbuch
BGH	=	Bundesgerichtshof
BGHSt	=	Amtliche Sammlung der Entscheidungen des BGH in Strafsachen
BT-Dr.	=	Bundestagsdrucksache
BVerfG	=	Bundesverfassungsgericht
BVerfGE	=	Amtliche Sammlung der Entscheidungen des BVerfG
ders.	=	derselbe
DÖV	=	Die öffentliche Verwaltung
Dr.	=	Drucksache
DRiZ	=	Deutsche Richter-Zeitung
DRZ	=	Deutsche Rechts-Zeitschrift
DVBl	=	Deutsches Verwaltungsblatt
E	=	Entwurf
Ed., ed.	=	Editor, edited
Erl.	=	Erläuterung
EStG	=	Einkommenssteuergesetz
f., ff.	=	für, folgende, fortfolgende
Fasc.	=	Fascikel
Festschr.	=	Festschrift
Fußn.	=	Fußnote
GA	=	Goltdammer's Archiv für Strafrecht
GBl.	=	Gesetzblatt
GG	=	Grundgesetz
GMBl.	=	Gemeinsames Ministerialblatt
grdl.	=	grundlegend

grds.	=	grundsätzlich
GS	=	Der Gerichtssaal
GVBl.	=	Gesetz- und Verordnungsblatt
hess.	=	hessisch
h. M.	=	herrschende Meinung
hrsg., Hrsg.	=	herausgegeben, Herausgeber
i. Erg.	=	im Ergebnis
JuS	=	Juristische Schulung
JZ	=	Juristenzeitung
KMBl.	=	Amtsblatt des Bayerischen Staatsministeriums für Unterricht und Kultus
LG	=	Landgericht
m. a. W.	=	mit anderen Worten
MDR	=	Monatsschrift für Deutsches Recht
MRK	=	Menschenrechtskonvention
MschrKrim	=	Monatsschrift für Kriminologie und Strafrechtsreform
m. w. Nachw.	=	mit weiteren Nachweisen
NBl. KM. Schl. H.	=	Nachrichtenblatt des Kultusministers des Landes Schleswig-Holstein
N. F.	=	Neue Folge
NJW	=	Neue Juristische Wochenschrift
Nr.	=	Nummer
NRW	=	Nordrhein-Westfalen
ÖStGB	=	Österreichisches Strafgesetzbuch
OLG	=	Oberlandesgericht
Preuß. ALR	=	Allgemeines Landrecht für die Preußischen Staaten
RdJ	=	Recht der Jugend und des Bildungswesens
Rdnr(n).	=	Randnummer(n)
RGSt	=	Amtliche Sammlung der Entscheidungen des Reichsgerichts in Strafsachen
Rspr.	=	Rechtsprechung
S.	=	Satz, Seite
StGB	=	Strafgesetzbuch
StPO	=	Strafprozeßordnung
StrRG	=	Strafrechtsreformgesetz
u. a.	=	unter anderem, unter anderen
Urt.	=	Urteil
UZwG	=	Gesetz über die Anwendung unmittelbaren Zwanges
v.	=	von
vgl.	=	vergleiche
Vol.	=	Volumen
VOBl.	=	Verordnungsblatt
VVDStRL	=	Veröffentlichungen der Vereinigung der Deutschen Staatsrechtslehrer
z. B.	=	zum Beispiel
zit.	=	zitiert
ZRP	=	Zeitschrift für Rechtspolitik
ZStW	=	Zeitschrift für die gesamte Strafrechtswissenschaft
z. T.	=	zum Teil

Einführung

Wir leben in einer Phase, in der sich die Rechtsfortentwicklung auf dem Gebiet des Strafrechts im Eiltempo vollzieht, in der man fast überfordert wird von der Summe legislatorischer Veränderungen. Jahrzehntelanges Zögern des Gesetzgebers ist in Aktivität umgeschlagen, die man je nach Standpunkt als fruchtbar oder hektisch bezeichnen mag. Noch am ehesten vermag man sich an den neuen Allgemeinen Teil zu gewöhnen. Zum einen konnten dessen Vorschriften wegen des zeitlichen Intervalles zwischen Verabschiedung und Inkrafttreten des 2. StrRG allmählich integriert werden. Zum anderen schreibt der Gesetzgeber die bisherige Rechtsentwicklung damit kontinuierlich fort, ohne daß ausgesprochene Brüche festzustellen wären. Speziell bei der Regelung der Grundlagen der Strafbarkeit ist er fast mit der gleichen Zurückhaltung zu Werke gegangen wie bei der Schaffung des StGB von 1871. Die beliebte Wendung vom „neuen" Strafrecht darf daher nicht zu der Annahme verleiten, der Gesetzgeber habe sich der Materie bis ins einzelne angenommen. Die Gründe für diese Zurückhaltung sind vielfältig und können hier nicht im einzelnen untersucht werden. Im Ergebnis steht jedenfalls fest, daß weite Bereiche des Allgemeinen Teils nach wie vor nicht kodifiziert sind. Das bedeutet, daß Gewohnheitsrecht als Rechtsquelle durch die Neuregelung zwar zurückgedrängt, beileibe aber nicht verdrängt worden ist. Bei den allgemeinen Lehren wie auch bei einzelnen Rechtfertigungsgründen werden wir vielmehr nach wie vor auf gewohnheitsrechtliche Ableitungen verwiesen. Gewohnheitsrechtlich anerkannte Rechtsinstitute werden von Rechtsprechung und Lehre tradiert und in unregelmäßigen Abständen neu „aufpoliert". Auf diese Art gewinnen sie eine eigentümliche Zähigkeit und Widerstandskraft, die ihnen das Gesetz selbst nicht zu verleihen vermag. Dies spürt man deutlich beim Züchtigungsrecht des Lehrers, das unlängst noch von der Rechtsprechung als gewohnheitsrechtlicher Rechtfertigungsgrund bestätigt wurde[1].

Die Entscheidung des Oberlandesgerichts Zweibrücken fand selbst in der Tagespresse Beachtung[2] und wurde sogar zum Gegenstand parlamentarischer Anfragen gemacht[3]. Dieses Interesse der Öffentlichkeit

---

[1] OLG Zweibrücken, NJW 1974, 1772; zurückhaltend jetzt freilich BGH, NJW 1976, 1949 = JuS 1977, 126.

[2] Z. B. Saarbrücker Zeitung v. 1. 10. 1974, S. 3.

überrascht nicht, handelt es sich dabei doch um einen Problemkreis, bei
dem sich nicht nur der Pädagoge, sondern ein weiterer Personenkreis
(Eltern, Schüler) angesprochen fühlt. Ohnehin rückt ganz allgemein die
Anwendung körperlicher Gewalt als Erziehungs- bzw. Disziplinierungs-
mittel in den Mittelpunkt der öffentlichen Auseinandersetzung[4].

So wird die Aufmerksamkeit des Juristen auf eine Rechtsfigur ge-
lenkt, bei der gleichsam wie in einem Brennspiegel zahlreiche strafrechtliche Grundsatzfragen zusammenlaufen. Geht es doch bei der Entscheidung für oder gegen ein Züchtigungsrecht des Lehrers nicht nur
um den Maßstab für die Geltung von Gewohnheitsrecht auf dem Gebiet
des Strafrechts, sondern zugleich um die Interdependenz zwischen
öffentlichem Recht und Strafrecht und nicht zuletzt um die Formen der
Anerkennung und Aufarbeitung sozialwissenschaftlicher — hier er-
ziehungspsychologischer — Erkenntnisse durch das Strafrecht. Nicht
genug damit, daß derart grundsätzliche Probleme der Rechtsquellenlehre angesprochen sind. Trotz der scheinbar speziellen Ausrichtung des
Themas sieht man sich bei der Erörterung des Züchtigungsrechts alsbald mit ganz allgemeinen Fragen der Tatbestandsauslegung konfrontiert und rührt an aktuelle Streitpunkte aus dem Bereich der Dogmatik
der Rechtfertigungsgründe.

Damit sind nur einige der Ebenen der Auseinandersetzung genannt.
Es ist ohnehin nicht beabsichtigt, allen Fragen, die das Züchtigungsrecht aufwirft, im einzelnen nachzugehen. So bleibt das elterliche Züchtigungsrecht weitgehend ausgespart und taucht eigentlich nur als Be-
zugsgröße auf. Insofern versteht sich die Untersuchung nicht als umfassende Bestandsaufnahme, sondern möchte sich auf jene Gesichtspunkte
konzentrieren, deren Tragweite über den konkreten Gegenstand hin-
ausreicht. Die neuere Entwicklung der Rechtsprechung bildet dabei den
Anlaß, eine von der Strafrechtswissenschaft in den letzten Jahre eher
vernachlässigte Fragestellung wiederaufzugreifen, und sie namentlich
in den Kontext der nunmehr verstärkt einsetzenden Diskussion um die
Dogmatik der Rechtfertigungsgründe zu stellen.

---

[3] Vgl. Landtag des Saarlandes, Dr. 6/1969 u. 6/1704; sowie Landtag NRW,
Dr. 7/4294 u. 7/4406.
[4] Vor allem das Phänomen der Kindesmißhandlung findet zunehmend Beachtung; näher dazu w. u. IV.

I. Überblick über den Streitstand

Die Entscheidung des Oberlandesgerichts Zweibrücken erging zwar in einem Amtshaftungsprozeß. Der Fall ist in seiner Art aber auch typisch für die strafrechtliche Grundkonstellation: Ein Lehrer hatte einem Schüler der Hauptschule aus einem relativ unbedeutenden Anlaß drei Ohrfeigen versetzt, die eine anschließende Operation am Mittelohr erforderlich machten. Im Ergebnis gelangt das Gericht zu der Überzeugung, daß das Verhalten des Schülers eine körperliche Züchtigung durch den Lehrer nicht gerechtfertigt habe. Inzidenter bejaht es aber ein gewohnheitsrechtliches Züchtigungsrecht des Volksschullehrers in Rheinland-Pfalz[5], „... wenn im einzelnen Fall ein hinreichender Anlaß zur Züchtigung bestand, wenn der Lehrer in der Absicht richtig verstandener Erziehung gehandelt und wenn er die rechtlichen Grenzen des Züchtigungsrechts eingehalten hat[6]."

Der Senat stützt sich zur Begründung auf die Entwicklung der höchstrichterlichen Rechtsprechung zum Züchtigungsrecht des Lehrers und schließt sich der zuletzt in BGHSt 11, 241, für Hessen vertretenen Auffassung an, wonach die Befugnis zur Züchtigung sich nach der bis ins 20. Jahrhundert herrschenden Auffassung „von selbst" ergeben habe und weder durch Gesetz oder Verordnung mit Gesetzesrang, noch durch entgegenwirkendes Gewohnheitsrecht beseitigt worden sei. Eine bloße Verwaltungsvorschrift wie den rheinland-pfälzischen Runderlaß vom 2. 3. 1970[7], mit dem die körperliche Züchtigung an rheinland-pfälzischen Schulen untersagt wurde, hält das Gericht konsequenterweise nicht für ausreichend, um bestehendes Gewohnheitsrecht aufzuheben.

Obschon die Entscheidung damit also im Grunde keine neuen Gesichtspunkte in die Diskussion einbringt, kann man sie als den vorläufigen Schlußpunkt einer Entwicklung ansehen, die sich unschwer bis zu

---

[5] *Wüstrich*, 1974, 2289, hat mit Recht bemängelt, daß zu dieser grundsätzlichen Feststellung angesichts des Streitstandes keine Veranlassung bestand.

[6] OLG Zweibrücken, NJW 1974, 1773.

[7] Amtsblatt des Ministeriums für Unterricht und Kultus von Rheinland-Pfalz 1970, 135. Im einzelnen wird unter dem Rubrum „Erziehungsauftrag der Schule; hier: Anwendung der körperlichen Züchtigung und von Kollektivstrafen in den Schulen" festgestellt: „Die öffentliche Diskussion um die Handhabung erzieherischer Maßnahmen in den Schulen veranlaßt uns zu der Feststellung, daß die körperliche Züchtigung und die Ahndung von Einzelvergehen durch Verhängung von Kollektivstrafen in den allgemeinbildenden und beruflichen Schulen untersagt sind."

der Regelung des § 50 II 12 Preuß. ALR zurückverfolgen läßt. Danach durfte die Schulzucht „niemals bis zu Mißhandlungen, welche der Gesundheit des Kindes auch nur auf entfernte Art schädlich werden könnten, ausgedehnt werden." Diese Bestimmung setzt die Existenz eines Züchtigungsrechts voraus. Auch das Reichsgericht hat das Züchtigungsrecht in ständiger Rechtsprechung anerkannt und sich dabei auf den Standpunkt gestellt, daß die dem Schüler in Ausübung des Züchtigungsrechts zugefügte Körperverletzung nicht widerrechtlich sei. Während das Reichsgericht in seinen ersten Entscheidungen noch auf die Notwendigkeit einer entsprechenden landesrechtlichen Regelung verwies und eine Exegese der jeweiligen Vorschriften vornahm[8], ging es alsbald dazu über, das Züchtigungsrecht als „selbstverständliches Attribut" der Eltern und aller derjenigen Personen zu begreifen, denen nach dem Gesetz neben den Eltern oder an Stelle derselben ein Erziehungsrecht zusteht[9].

Zugleich war die Rechtsprechung aber von Anbeginn bemüht, Grenzen des Züchtigungsrechts herauszuarbeiten. Gerade in den ersten Entscheidungen des Reichsgerichts kommt eine eher restriktive Grundhaltung zum Ausdruck. Durchweg wird nämlich bei den freisprechenden Urteilen gerügt, daß die Grenzen des Züchtigungsrechts durch die Vorinstanzen verkannt worden seien[10]. Als Maßstab für die Bestimmung der Grenzen rekurrierte man auf die rechtliche Regelung des Erziehungsverhältnisses und zog die einschränkenden Rechtsnormen des jeweiligen Landesrechts einschließlich der Verwaltungsvorschriften heran[11]. Soweit sich keine entsprechenden landesrechtlichen Vorschriften fanden, griff man auf „das verständige Ermessen unter Berücksichtigung des Zweckes der Schule und der Erziehungsgewalt des Lehrers"[12] zurück.

Mit gewissen Vorbehalten bestätigte der Bundesgerichtshof in seiner grundlegenden Entscheidung BGHSt 6, 263, das Züchtigungsrecht des Lehrers. Die Entscheidung, die in dürren Worten Epochen rechtlich sanktionierter Repression ganzer Bevölkerungskreise durch Prügel und deren allmählichen Abbau zeichnet[13], unterstellt nämlich, „daß in seltenen Ausnahmefällen eine maßvolle körperliche Züchtigung durch den Lehrer am Platze sein mag[14]." Ein derartiges Züchtigungsrecht müsse aber einerseits dem Besten des zu Erziehenden dienen, also „wirkliche

---

8 Vgl. etwa RGSt 2, 10; 5, 193; 9, 302; 15, 376; 16, 34; 19, 265; 26, 148.
9 So RGSt 20, 371; 33, 71; 35, 182; 40, 432.
10 Vgl. etwa RGSt 2, 10; 5, 193; 9, 302; 15, 376; 16, 34.
11 Vgl. zuletzt RGSt 73, 257, 258.
12 RGSt 40, 432, 433.
13 Vgl. in diesem Zusammenhang auch *Schüler-Springorum*, 1974, 141 f.
14 BGHSt 6, 263, 269.

Erziehungsmaßnahme" sein und könne andererseits gefährliche oder übermäßige Eingriffe nicht rechtfertigen[15].

Mochte man aus der Diktion dieser Entscheidung noch auf eine allmähliche Verabschiedung des Züchtigungsrechts schließen, so wurde dieser Eindruck bald korrigiert. BGHSt 11, 241, stellt nämlich ausdrücklich klar, daß die maßvolle körperliche Züchtigung eines Schulkindes gerechtfertigt sei, „wenn im einzelnen Fall ein hinreichender Anlaß zur Züchtigung bestand, wenn der Lehrer in der Absicht richtig verstandener Erziehung gehandelt und wenn er die rechtlichen Grenzen des Züchtigungsrechts eingehalten hat[16]." Auf dieser Linie liegt im Grundsatz auch BGHSt 12, 62, obschon diese Entscheidung im Ergebnis ein Züchtigungsrecht des Lehrers einer bayerischen Berufsfachschule verneint hat[17]. In einem gewissen Gegensatz zur reichsgerichtlichen Rechtsprechung gehen alle drei Entscheidungen — wie auch die des Oberlandesgerichts Zweibrücken — davon aus, daß ministerielle Anordnungen das Züchtigungsrecht nur dienstrechtlich, nicht strafrechtlich zu regeln vermögen[18], wobei sich freilich die aus dem Erziehungsauftrag abgeleiteten Grenzen des Züchtigungsrechts im großen und ganzen mit dem Tenor der entsprechenden Erlasse und Anordnungen decken.

Als Fazit läßt sich daher festhalten, daß von der Rechtsprechung bislang ein gewohnheitsrechtliches Züchtigungsrecht des Lehrers bei jüngeren Schülern anerkannt wird, dessen Grenzen freilich eng gezogen werden. Gerechtfertigt ist eine körperliche Züchtigung danach, wenn sie aus „hinreichendem Anlaß", zu „Erziehungszwecken" und in „maßvollen Grenzen" erfolgt. Neuerdings deutet sich eine Änderung der höchstrichterlichen Rechtsprechung zum Züchtigungsrecht des Lehrers an. Die Entscheidung BGH, NJW 1976, 1949, rückt zwar nicht ausdrücklich von einem solchen gewohnheitsrechtlichen Züchtigungsrecht des Lehrers ab, konzediert aber, daß dagegen gewichtige Gegengründe angeführt würden. Im Ergebnis läßt das Gericht die Frage jedoch offen[19].

---

[15] Interessant ist, daß der BGH sich dabei nicht nur ganz allgemein auf die Regelung des Preuß. ALR bezog, sondern sie offenbar als im Hannoverschen nach wie vor geltendes Recht betrachtete.

[16] BGHSt 11, 257. Die leichte Kehrtwendung im Verhältnis zur Entscheidung im 6. Band war dem 2. Senat dabei durchaus bewußt, befaßte er sich doch mit der Frage, ob das Urteil des 5. Strafsenats (BGHSt 6, 263) seiner Meinung entgegenstehe.

[17] Vgl. auch BGHSt 14, 52.

[18] Ebenso BGH, GA 1963, 82.

[19] Insofern stellt die Entscheidung eigentlich eine konsequente Fortschreibung von BGHSt 6, 263, dar, ohne daß freilich an die damals geäußerten Vorbehalte gegen ein Züchtigungsrecht des Lehrers ausdrücklich angeknüpft wurde. Auf den Stellenwert dieser neuesten Entscheidung wird noch näher einzugehen sein (III. E.).

Die Haltung des Schrifttums zur Frage des Züchtigungsrechts des
Lehrers stellt sich differenzierter dar. Vom älteren Schrifttum wurde
das Züchtigungsrecht ohne weiteres als Rechtfertigungsgrund klassifi-
ziert, der teils aus Gewohnheitsrecht, teils aus den entsprechenden landesrechtlichen Normen, teils aus beidem abgeleitet und durchweg im
Kontext mit anderen Rechtfertigungsgründen aus hoheitlichem Handeln
behandelt wurde[20]. Im Mittelpunkt der Diskussion, die gelegentlich ausgesprochen polemisch geführt wurde[21], stand schon damals die Frage
nach der Relevanz landesrechtlicher Vorschriften, namentlich der
„Amtsinstruktionen" und Erlasse, für die strafrechtliche Betrachtungsweise. Die gegensätzlichen Positionen haben sich bis heute kaum verschoben. Schon damals ist nämlich von der einen Seite erklärt worden,
solche Regulative der Schulbehörden seien bloße Verwaltungsinterna,
während die andere Seite geltend gemacht hat, daß für die Beurteilung
der „Rechte der Beamten aller Dienstzweige der gesamte staatsrecht-
liche Rechtszustand einschlüssig aller reglementären Bestimmungen
maßgebend sei[22]".

Vereinzelt wurde freilich die Züchtigungshandlung, die von einem
Erziehungsberechtigten zur Förderung der Entwicklung des Zöglings
ohne Schädigung seiner Gesundheit vorgenommen wird, aus dem Anwendungsbereich des § 223 StGB und damit auch des § 340 StGB gänzlich ausgeklammert. „Eine Handlung, die in ihrer Gesamtheit einem
Anderen zum Vorteil gereicht und zu seinem Nutzen ausgeführt ist,
wird dadurch allein nicht zu einem strafbaren Angriff auf seine Rechts-
sphäre, daß dieser Vorteil nur durch Aufopferung eines geringeren
Rechtsgutes sich erkaufen ließ[23]." In den fünfziger Jahren gewannen die
Befürworter der These, daß eine maßvolle Züchtigung als Erziehungsmaßnahme nicht einmal den Tatbestand der Körperverletzung erfülle,
an Boden[24], wobei allenthalben die Verknüpfung mit der Auseinandersetzung um die strafrechtliche Einordnung des ärztlichen Heileingriffs
gesucht wurde. „Die sozialethische Werthaftigkeit echter erzieherischer
Züchtigung, die in der engen psychologischen Bindung von Erzieher und
Erzogenen verankert ist", — heißt es etwa bei Kienapfel — „hebt —
ähnlich wie beim Heileingriff — diese Erziehungsmaßnahme aus der
Typologie der Rechtfertigung heraus und bildet ein weiteres wesensbe-
stimmtes Merkmal ihrer sozialen Adäquanz[25]".

---

[20] Vgl. z. B. *Finger*, 1904, 402; *Meyer / Allfeld*, 1912, 197; *van Calker*, 1933, 38;
v. Hippel, 1930, 265; *v. Olshausen*, 1927, § 223 Anm. 10.

[21] S. z. B. *Stenglein*, 1889, 34.

[22] So *Stenglein*, 1889, 33.

[23] *Havenstein*, 1904, 252.

[24] In diese Richtung vor allem *Würtenberger*, 1948, 291; *Redelberger*, 1952,
1158; *Schönke / Schröder*, 1954, § 223 Anm. VI 2; *Kienapfel*, 1961.

[25] *Kienapfel*, 1961, 117.

Die zuletzt von Kienapfel vertretene Parallelisierung von Züchtigungsrecht und ärztlicher Heilbehandlung vermochte sich indessen nicht durchzusetzen. Es trat eher eine Art Tendenzwende ein. Anzeichen dafür spürt man schon im E 1962, der die Frage des Züchtigungsrechts bewußt ungeregelt ließ wegen der Zweifel hinsichtlich des berechtigten Personenkreises, deren Klärung nur außerhalb des allgemeinen Strafrechts — sprich im Schulrecht — herbeigeführt werden könne[26]. Zwar wird das Züchtigungsrecht des Lehrers gegenüber jungen Schülern von der h. M. nach wie vor gebilligt[27] und von Dreher der eher restriktive Ansatz der Entscheidung BGHSt 6, 263, gar beklagt[28]. Allmählich mehren sich aber die Zweifel an der Existenzberechtigung eines derartigen Züchtigungsrechts. Für Lackner bedarf die Bejahung eines Züchtigungsrechts angesichts der nachhaltig veränderten Einstellung der Bevölkerung der Überprüfung[29]. Baumann neigt offenbar dazu, ein Züchtigungsrecht nur auf Grund einer gesetzlichen Regelung in Schulgesetzen zuzulassen[30]. Horn meint, das Gewohnheitsrecht sei durch ministerielle Erlasse bzw. Verwaltungsrichtlinien in den einzelnen Ländern längst erschüttert[31]. Jescheck lehnt ein Züchtigungsrecht der Lehrer für alle Schularten und alle Altersklassen rundweg ab. Er sieht darin einen Grundrechtsverstoß, und zwar formell, weil Gewohnheitsrecht kein Gesetz im Sinne von Art. 2 II 3 GG darstelle, und materiell, weil der erniedrigende Zwang, sich der Prügelstrafe vor den Augen der Klasse zu stellen, die Menschenwürde verletze[32]. Insoweit folgt er Dürig, der für eine verfassungsrechtliche Aufarbeitung gewohnheitsrechtlicher Grenzzonen plädiert und von daher nicht nur die maßvolle körperliche Züchtigung unter den Vorbehalt des förmlichen Gesetzes stellt, sondern auch einer förmlichen Einführung des Züchtigungsrechts mit dem Hinweis auf Art. 2 II S. 1 in Verbindung mit Art. 19 II und Art. 1 GG begegnet[33]. Auf der gleichen Linie liegen die Überlegungen Eg. Schneiders, der körperliche Mißhandlungen, die nur psychischen und physischen Schaden anrichteten, niemals für gerechtfertigt hält und das Oberlandesgericht Zweibrücken im Grunde des juristischen Anachronismus zeiht[34]. Wüstrich stellt in seiner kritischen Anmerkung zu der Entscheidung des

---

[26] E 1962, Amtl. Begr., S. 282.
[27] *Blei*, 1974, 50 f.; *ders.*, 1976, 50; *Schmidhäuser*, 1975 a, 320; *Schönke / Schröder (Lenckner)*, 1976, § 223 Rdnr. 26; *Preisendanz*, 1975, § 223 Anm. III 4; *Bokkelmann*, 1975 a, 90; *Stratenwerth*, 1976, Rdnr. 472; *Wessels*, 1976, 67.
[28] *Dreher*, 1977, § 223, Rdnr. 14.
[29] *Lackner*, 1977, § 223 Erl. 5 b aa.
[30] *Baumann*, 1977, 348.
[31] Systematischer Kommentar (Horn), 1976, § 223 Rdnr. 12.
[32] *Jescheck*, 1972, 294.
[33] *Maunz / Dürig / Herzog (Dürig)*, 1973, Art. 2 II Rdnrn. 42—48.
[34] *Eg. Schneider*, 1975, 149.

Oberlandesgerichts Zweibrücken gar die provozierende Frage, ob es sich beim Züchtigungsrecht nicht schon um ein Gewohnheits*un*recht handele[35].

Dieser kursorische Überblick zeigt die Dimensionen, in denen sich der Streit um das Züchtigungsrecht des Lehrers bewegt, und vermittelt einen Eindruck von den aktuellen, aber auch den scheinbar zeitlosen Bezügen, die diese Thematik aufweist. Er bestätigt zugleich die Notwendigkeit einer umfassenderen Analyse; denn die gegen das Züchtigungsrecht des Lehrers vorgebrachten Bedenken sind unüberhörbar und die Einwände derart fundamental, daß man sich der Auseinandersetzung nicht mit dem Hinweis auf das zahlenmäßige Übergewicht der Befürworter eines solchen Züchtigungsrechts entziehen kann[36].

---

[35] *Wüstrich*, 1974, 2289.
[36] Als Hinweis auf einen sich abzeichnenden Umdenkungsprozeß mag man auch die Tatsache werten, daß *Roxin / Schünemann / Haffke*, 1975, 75 ff., bei der klausurmäßigen Lösung eines entsprechenden Falles zwar an der Existenz des schulischen Züchtigungsrechts festhalten, sich in den „Hinweise(n) zur Lösung" hiervon aber bis zu einem gewissen Grade wieder distanzieren.

II. Die schulische Züchtigung als körperliche Mißhandlung

Die wissenschaftliche Diskussion um das Züchtigungsrecht des Lehrers ist weitgehend auf die Rechtswidrigkeitsebene fixiert. Die Tatbestandsmäßigkeit der Körperverletzung wird allgemein bejaht. In der Tat erscheint es schon vom äußeren Erscheinungsbild her unmittelbar einleuchtend, daß eine Ohrfeige oder ein sonstiger Schlag oder Stoß das durch § 223 StGB geschützte Körperinteresse verletzt. Derartige Handgreiflichkeiten fallen ohne weiteres unter die gängige Begriffsbestimmung der körperlichen Mißhandlung als einer üblen, unangemessenen Behandlung, durch die das körperliche Wohlbefinden nicht nur unerheblich beeinträchtigt wird[37].

Da andererseits das körperliche Wohlbefinden durch die Handlung nicht nur unerheblich beeinträchtigt werden muß, dürfte nicht jede Form körperlicher Berührung schon den Tatbestand der Körperverletzung erfüllen. Vielmehr werden durch diese Umschreibung, die sich in ähnlicher Form auch bei anderen Tatbeständen findet, bagatellarische Beeinträchtigungen von vornherein ausgeschieden. Solche einschränkenden Interpretationen von Tatbildern sind als Ausdruck des sog. Geringfügigkeitsprinzips[38] gerade bei der Umschreibung von Straftaten gegen höchstpersönliche Rechtsgüter wie Gesundheit, Ehre, Freiheit und sexuelle Selbstbestimmung verbreitet, was damit zusammenhängen mag, daß die Festsetzung einer Erheblichkeitsschwelle durch den Gesetzgeber oder die Rechtspraxis am ehesten dort für notwendig gehalten wird, wo die Grenzen des geschützten Rechtsguts wenig faßlich sind.

Aus dem Tatbestand des § 223 StGB bleiben daher solche Handlungsweisen ausgeklammert, die letztlich Formen sozialen Kontakts in die-

---

[37] Zur Begriffsbestimmung zuletzt BGHSt 25, 277, 278.

[38] Die Terminologie ist uneinheitlich. Vielfach wird von Bagatellunrecht bzw. -kriminalität oder allgemein von mangelnder Strafwürdigkeit der Tat gesprochen. Diese terminologische Unklarheit dürfte freilich nur Ausdruck der inhaltlichen Divergenzen darüber sein, wie dieser Problemkreis im einzelnen überhaupt abgesteckt werden soll und welche kriminalpolitischen Strategien angebracht erscheinen. Jedenfalls hat sich die Behandlung der Bagatellkriminalität zu einer der zentralen kriminalpolitischen Fragestellungen entwickelt, wobei die Diskussion sich freilich allzu sehr auf den Bereich der Vermögensdelikte konzentriert hat. Allg. zum Geringfügigkeitsprinzip und zu den legislatorischen Techniken, die zu seiner Verwirklichung zur Verfügung stehen *Roxin*, 1964, 376 f.; *ders.*, 1973, 24; *Baumann*, 1974, 10 f.; *Müller-Dietz*, 1976; *Maurach / Zipf*, 1977, 177 f.

2*

sem speziellen Lebensbereich darstellen wie etwa ein aufmunternder Klaps oder ähnliche Formen flüchtiger körperlicher Einwirkung[39]. Ob ein derartiger salopper bzw. burschikoser Erziehungsstil pädagogisch sinnvoll ist, ist freilich eine andere Frage.

Wenn auch weitgehend Einigkeit in der Bewertung der körperlichen Züchtigung als körperlicher Mißhandlung herrscht, gab es schon immer Stimmen, die sich gegen die Subsumtion einer maßvollen, durch den Lehrer vollzogenen körperlichen Züchtigung unter den Tatbestand der Körperverletzung wandten[40]. Zuletzt war es Kienapfel, der die angemessene Züchtigung schon aus dem Tatbestand der Körperverletzung ausgeklammert wissen wollte[41]. Da Kienapfels Untersuchung gewissermaßen den Schlußpunkt einer Entwicklungslinie markiert, wollen wir uns pars pro toto auf seinen Gedankengang konzentrieren[42]. Kienapfel geht bei seinen Überlegungen von der Prämisse aus, daß die körperliche Züchtigung in Einzelfällen pädagogisch wertvoll sein könne[43]. Unter dieser Voraussetzung meint er, daß der Erzieher nicht nur Anspruch auf Straflosigkeitserklärung einer „einwandfreien pädagogischen Maßnahme" erheben dürfe, sondern auch ein berechtigtes Interesse daran besitze, den sozialen Wert seiner Handlung bereits durch Verneinung der Tatbestandsmäßigkeit bescheinigt zu erhalten[44].

Kienapfel entwickelt auf der begrifflichen Ebene ein spezifisches, gegenüber der h. M. durch zusätzliche Merkmale angereichertes Verständnis der körperlichen Mißhandlung als eines üblen, schlimmen unangemessenen Behandelns, das die körperliche Integrität eines anderen objektiv nicht unerheblich beeinträchtigt[45]. Dem stellt er die Züchtigung als Anwendung von (körperlichen) Erziehungsmaßregeln zum Zweck der Herbeiführung eines pädagogischen Erfolges gegenüber[46].

Die von der Rechtsprechung propagierte und auch in der Literatur unterstützte Rechtfertigung der schulischen Züchtigung durch Gewohnheitsrecht wertet er als einen Schritt in Richtung auf die Verneinung der Tatbestandsmäßigkeit. Von der gewohnheitsrechtlichen Rechtferti-

---

[39] In diese Richtung auch *Heckel / Seipp*, 1969, 409, deren Beispiele nach meinem Dafürhalten die Grenzlinie z. T. jedoch überschreiten.

[40] Vgl. die Nachweise für die einzelnen Positionen und Argumente bei *Kienapfel*, 1961, 49 ff.

[41] *Kienapfel*, 1961, 36.

[42] *Kienapfels* Untersuchung knüpft im Ansatz an *Würtenbergers* Stellungnahme zum Züchtigungsrecht an; vgl. *Würtenberger*, 1948, 291. *Würtenberger* beurteilt den Einsatz physischer Gewalt im Bereich der Erziehung heute eher zurückhaltend; s. *Würtenberger*, 1973, 75.

[43] *Kienapfel*, 1961, 3.

[44] *Kienapfel*, 1961, 5 f.

[45] *Kienapfel*, 1961, 36.

[46] *Kienapfel*, 1961, 38.

gung führe eine direkte Verbindungslinie zu jener Lehre der sozialen Adäquanz, nach der menschliche Handlungen, die sich innerhalb des Rahmens der geschichtlich gewordenen sozialethischen Ordnungen des Gemeinschaftslebens bewegen, außerhalb der strafrechtlichen Tatbestände lägen[47].

Für Kienapfel stellt sich die Problematik aber schon auf der Tatbestandsebene, genau genommen sogar schon vorher, indem er den Aktwert als eine Art „Tatbestandssperre" versteht. Er knüpft hieran die Frage, welche der maßvollen pädagogischen Züchtigung innewohnenden Momente bei teleologischer Gesetzesauslegung dazu berechtigten, den körperlichen Eingriff als aktwertbetont und damit als angemessene körperliche Behandlung zu charakterisieren, womit die Züchtigung wegen mangelnder Koinzidenz von Aktwert und Erfolgsunwert nicht unter den Tatbestand der Körperverletzung falle[48].

Kienapfel greift zur Beantwortung auf die Lehre von der Sozialadäquanz zurück. Er wendet sich zwar gegen die Sozialadäquanz als „generelles eigenständiges dogmatisches Prinzip", mißt ihr aber als Instrument teleologischer Auslegung einzelner Tatbestände Bedeutung zu[49]. In diesem Sinne weist er dem sozialen Typus eine Mittlerrolle zwischen Tatbestand und Sozialadäquanz zu. Der soziale Typus soll gewissermaßen das Gleichgewicht zwischen einer „elastischen Rechtsanwendung" und den Postulaten herstellen, „die die Rechtsstaatlichkeit an den Auslegungsfaktor der sozialen Adäquanz innerhalb des Tatbestandes stellt[50]". Für das Ausgangsproblem der dogmatischen Einordnung der typisierbaren und typisierten erzieherischen Züchtigung komme es danach darauf an, ob deren Werthaftigkeit im sozialen Bereich bewußt und gewollt realisiert werde.

Indem Kienapfel die gewohnheitsrechtliche Rechtfertigung als Ausdruck und Anerkennung der sozialen Werthaftigkeit begreift, stellt sich für ihn zwangsläufig die Frage nach dem Verhältnis von Sozialadäquanz und Gewohnheitsrecht. Einerseits sieht er die Verwandtschaft im Rückgriff auf soziale Anschauungen und der daraus resultierenden Unsicherheit des Geltungsgrundes, andererseits sieht er die Differenz in dem gewohnheitsrechtlichen Erfordernis der „necessitas iuris". Die Sozialadäquanz sei gewissermaßen im vorrechtlichen Raum angesiedelt, was vor allem bedeute, daß sie nicht an der gestrengen Elle der Geltungserfordernisse und Zwänge rechtlicher Regelungen gemessen werden müsse[51].

---

[47] *Kienapfel*, 1961, 42.
[48] *Kienapfel*, 1961, 87.
[49] *Kienapfel*, 1961, 98.
[50] *Kienapfel*, 1961, 101.
[51] *Kienapfel*, 1961, 104 f.

Dessenungeachtet bedürfe auch der Begriff der Sozialadäquanz der Konturierung. Eine sozialadäquate Handlungsweise sei durch „materielle Merkmale" ausgezeichnet, „die sie als eine konstitutiver Rechtfertigung nicht bedürfende typische Erscheinungsform sozialsinnhaften Handelns charakterisieren[52]". Diese zusätzlichen Merkmale sieht Kienapfel[53] speziell für die körperliche Züchtigung durch den Lehrer in der „Sozialüblichkeit der Maßnahme", die ihr den Charakter eines von der Rechtsordnung nur ausnahmsweise gestatteten Eingriffs nehme, in der „Harmlosigkeit des Eingriffs" im Sinne von tatsächlicher Geringfügigkeit und einer Identität von Verletztem und Begünstigtem, in der „sozialen Sinnhaftigkeit der Güterabwägung", der Eigenschaft des Erziehers als einer „objektiven sozialen Instanz" sowie schließlich in dem „sozialethischen Wertelement des erzieherischen Kontaktfeldes". Diese Typenmerkmale bestimmen s. E. den materialen Hintergrund der Sozialadäquanz dieser Erziehungsmaßnahme mit der Konsequenz, daß die Züchtigung trotz Rechtsgutsrelevanz nicht als körperliche Mißhandlung und damit als tatbestandsmäßige Körperverletzung bewertet werden könne[54].

Die Überlegungen Kienapfels reichen über die Problematik des Züchtigungsrechts des Lehrers hinaus, ist dies für Kienapfel doch nur Anlaß, seine Vorstellungen von der Bedeutung der sozialen Adäquanz im Strafrecht zu entwickeln. Indem er den Charakter der sozialen Adäquanz als eines eigenständigen allgemeinen dogmatischen Prinzips leugnet, sie aber als „Instrument teleologischer Auslegung einzelner Tatbestände" anerkennt, stuft er sie im Ergebnis als bloßes Kriterium der Auslegung ein. Die von Kienapfel[55] propagierte Neuorientierung der Lehre von der sozialen Adäquanz stellt sich damit als klassischer Versuch dar, ein (scheinbar) neuartiges Phänomen in das vertraute systematische Instrumentarium einzupassen. Die soziale Adäquanz büßt bei ihrer Verwendung als Auslegungsgesichtspunkt nämlich ihren begrifflichen Eigenwert ein. So gesehen besagt sie im Grunde nichts anderes, als daß die Auslegung speziell normativer Tatbestandsmerkmale eben nur auf der Basis einer normativen Verständigung der beteiligten Kreise und Entscheidungsträger funktioniert. Ursprünglich war die Sozialadäquanz demgegenüber als eigenständiges Korrektiv konzipiert, indem die Zurechnung eines Erfolges auf das vom Sozialstandpunkt der Gemeinschaft aus erlassene Sorgfaltsgebot bezogen wurde[56]. Auf diese

---

[52] *Kienapfel*, 1961, 106.
[53] *Kienapfel*, 1961, 107 ff.
[54] *Kienapfel*, 1961, 117.
[55] Und anderen: vgl. *Klug*, 1961, 262 ff.; neuerdings auch *Welzel*, 1969, 58; *Roxin*, 1973, 23 f.
[56] Vgl. *Krauß*, 1964, 47; *Rudolphi*, 1972, 63.

Art gewann die Sozialadäquanz eine Mittlerrolle zwischen dem „typisierten und dem konkreten Unrechtsbild". Die Zielsetzung ist freilich die gleiche: Die Sozialadäquanz soll — ob als Auslegungshilfe oder als Tatbestandskorrektiv — die Strafnormen auch ohne Einschreiten des Gesetzgebers in Einklang mit dem sozialen Wandel halten[57]. Durch die Einbeziehung der „sozialen Sinnhaftigkeit" sollen die Spannungen ausgeglichen werden, die bei der Anwendung von Anbeginn an mißratener Strafnormen, aber auch solcher Vorschriften entstehen, bei denen sich die Diskrepanz zwischen der festgelegten Deliktsumschreibung und den sozialerheblichen Wertbegriffen erst allmählich entwickelt hat[58].

Eine Diskussion über Notwendigkeit, Stellenwert und begriffliche Einordnung der Lehre von der sozialen Adäquanz würde den Rahmen dieser Untersuchung sprengen. Schließlich zählt der Problemkreis der Sozialadäquanz zu den umstrittensten Erscheinungen der modernen Strafrechtsdogmatik. Bemerkenswert erscheint allerdings, daß die Intensität der wissenschaftlichen Auseinandersetzung über Begriff und Phänomen der Sozialadäquanz in den letzten Jahren abgeklungen ist[59]. Vielleicht beruht dies auf Zufälligkeiten. Vielleicht hängt es aber damit zusammen, daß sich der Blick des Juristen für soziale Realitäten und kriminalpolitische Erfordernisse allgemein geschärft hat und ihre Einbeziehung bei der Rechtsanwendung dadurch bewußter und selbstverständlicher vollzogen wird, so daß das Bedürfnis nach einem eigenständigen Korrektiv nicht mehr in diesem Maße empfunden wird[60]. Auch erscheint eine Verbindung mit der Geschäftigkeit des Gesetzgebers denkbar, und zwar in einem doppelten Sinne. Zum einen dürfte die Strafrechtsdogmatik auf einige Zeit damit ausgelastet sein, die zahllosen Änderungen durch den Gesetzgeber aufzuarbeiten. Zum anderen liegt es angesichts des Entstehungsgrundes der Lehre von der sozialen Adäquanz nahe, daß sie in ausgesprochenen Reformphasen an Gewicht verliert. Denn gesetzgeberische Reformen sind jedenfalls idealtypisch geradezu darauf angelegt, veränderten sozialen Realitäten und Wertverschiebungen Rechnung zu tragen. Art und Geschwindigkeit gesetzgeberischer Reaktionen, wie sie zur Zeit gerade auf strafrechtlichem Gebiet beobachtet werden können, reduzieren einfach den praktischen

---

[57] So *Maurach / Zipf*, 1977, 232.

[58] Näher dazu *Zipf*, 1970, 648 f.

[59] Vgl. auch die relativ zurückhaltende Beurteilung der Lehre von der sozialen Adäquanz bei *Jescheck*, 1972, 190 f. Systematischer Kommentar (Samson), 1975, Rdnr. 15 vor § 32, bezeichnet die soziale Adäquanz sogar kurzerhand als ein wegen seiner begrifflichen Unschärfe bedenkliches und im übrigen auch überflüssiges Merkmal. Bei *Maurach / Zipf*, 1977, 229—233, nimmt die Behandlung dieses Fragenkomplexes hingegen nach wie vor breiten Raum ein.

[60] Die Lehre von der sozialen Adäquanz hat sicher als Katalysator für diese generelle „Öffnung" gewirkt, indem sie verstärkt die soziale Erheblichkeit der Vorgänge ins Blickfeld gerückt hat.

Anwendungsbereich der Lehre von der sozialen Adäquanz. Bei einem Gesetzgeber, der nicht davor zurückscheut, sich ständig selbst zu korrigieren, reduziert sich automatisch der Bedarf an außergesetzlichen Korrekturhilfen.

Unabhängig von der nach wie vor offenen Frage der begrifflichen Einordnung der Lehre von der Sozialadäquanz geht es im Rahmen der Subsumtion des § 223 StGB im Kern darum, ob es sich bei der schulischen Züchtigungsbefugnis überhaupt um eine anerkannte Verhaltensnorm handelt. Nur unter dieser Voraussetzung ließe sich nämlich der Tatbestand der Körperverletzung verneinen. Der systematische Standort dieser Überlegungen — ob Auslegungshilfe bei der Prüfung des Merkmals „unangemessene Behandlung" oder eigenständiger Gesichtspunkt im Anschluß an die eigentliche Tatbestandsprüfung — ist zweitrangig. Kienapfels Grundgedanke, die körperliche Züchtigung durch den Lehrer als Typus aus der Unrechtssphäre auszugliedern, vermag indessen nicht zu überzeugen. Er stellt im Grunde eine Art begriffliche Überhöhung der sprachlichen Gegensatzbildung dar, wonach eine sachgerechte angemessene Züchtigung gerade keine unangemessene Behandlung darstellen könne. Derartige Wortspielereien gehen jedoch schon wegen der unterschiedlichen Bezugsgrößen am Kern der Sache vorbei. Kienapfel läßt sich auf eine solche oberflächliche Betrachtungsweise natürlich nicht ein, sondern stützt die Verneinung des Tatbestandes auf eine Reihe von Typenmerkmalen, die er speziell in der Auseinandersetzung mit der von der h. M. vertretenen These von der ausnahmsweisen gewohnheitsrechtlichen Rechtfertigung der körperlichen Züchtigung herausgearbeitet hat. Diese Typenmerkmale erscheinen jedoch allesamt angreifbar; zumindest tragen sie die Schlußfolgerung nicht, wonach schon tatbestandlich keine Körperverletzung vorliegen soll. Nicht recht einleuchten will vor allem, daß diese (Erziehungs)Maßregel (noch) sozialüblich sein soll. Ohne den Überlegungen zur gewohnheitsrechtlichen Rechtfertigung des Züchtigungsrechts im einzelnen vorgreifen zu wollen, kann man jedenfalls in dem Augenblick, in dem in fast allen Ländern der Bundesrepublik Deutschland die körperliche Züchtigung an Schulen durch ministerielle Erlasse, Verordnungen und Gesetze verboten ist[61], nicht mehr behaupten, daß sich die körperliche Züchtigung an Schulen (noch) innerhalb der historisch gewachsenen Ordnung des Gemeinschaftslebens bewege und damit als von vornherein strafrechtlich irrelevant zu klassifizieren sei[62]. Das Typenmerkmal der „Harmlosigkeit" des Eingriffs, die dadurch charakterisiert sein soll, daß der Eingriff einerseits tatsächlich geringfügig sei und andererseits der Verletzte zugleich durch den Eingriff begünstigt werde, fußt auf frag-

---

[61] Vgl. die Nachweise w. u. III. B.
[62] So schon *Hirsch*, 1962, 111 f.; *Roxin / Schünemann / Haffke*, 1975, 76.

würdigen Hypothesen. Zum einen wird damit nämlich behauptet, daß die angemessene Züchtigung keinen schädlichen psychischen oder physischen Erfolg habe, zum anderen ist das Fehlen einer relevanten Konfliktsituation im zwischenmenschlichen Bereich kein Indiz für den Tatbestandsausschluß. Auch der Rechtfertigungsgrund der mutmaßlichen Einwilligung z. B. ist — wenn man so will — nur durch den Interessenwiderstreit in der Person des Betroffenen gekennzeichnet. Wenn schließlich darauf abgehoben wird, daß durch die Züchtigungshandlung dem gleichen Interessenträger ein im sozialen Leben höher bewertetes Äquivalent eingebracht werde, erweist sich dies nicht nur als zweifelhafte Spekulation mit der pädagogischen Wirkung der Züchtigung, sondern derart abstrakte und wenig faßliche Interessenabwägungen auf der Tatbestandsebene sind darüber hinaus auch geeignet, die Grenzen des geschützten Rechtsgutes allzu sehr zu relativieren[63]. Anders als bei der strafrechtlichen Bewertung des ärztlichen Heileingriffs steht hier nämlich das Vergleichsobjekt außerhalb des Tatbestandes der Körperverletzung.

---

[63] Diese Überlegung klingt auch bei OLG Saarbrücken, NJW 1963, 2379, an, wenn es dort (S. 2380) heißt: „... weil es im Rahmen der Tatbestandsmäßigkeit kaum möglich sein dürfte, die sozialübliche und u. U. wertvolle Züchtigung von der rechtlich mißbilligten praktisch abzugrenzen ..."

III. Züchtigungsrecht
des Lehrers als originärer Rechtfertigungsgrund

Die Meinung, daß die körperliche Züchtigung durch den Lehrer nicht einmal den Tatbestand der Körperverletzung erfülle, blieb im Grunde immer vereinzelt. Demgegenüber können die Verfechter der These, daß die körperliche Züchtigung — zumindest in gewissen Grenzen — gerechtfertigt sei, auf eine lange Tradition und bewährte Argumentationsmuster zurückgreifen. Klarheit herrscht freilich nur im Grundsatz, in der Annahme also, daß eine körperliche Mißhandlung ausnahmsweise durch ein Züchtigungsrecht gerechtfertigt sein könne. Die inhaltliche Weite des Rechtfertigungsgrundes wurde erst im Laufe der Zeit konkretisiert. Die Wendung „Reichweite des Rechtfertigungsgrundes" umreißt mehrere miteinander verflochtene Fragestellungen: Wer darf züchtigen? Wen darf man züchtigen? Wie darf gezüchtigt werden?

Ein Blick auf die Entwicklung des zur Züchtigung berechtigten Personenkreises zeigt schon, daß die körperliche Züchtigung zu allen Zeiten als ein schwerwiegender Eingriff gewertet, daher vielfach besonderen Regularien unterworfen und häufig sogar als eine Art Sonderrecht des Vorgesetzten ausgestaltet wurde. Das tastende Bemühen um eine Grenzziehung manifestiert sich vor allem in der Frage der in Betracht kommenden Schultypen und damit zusammenhängend der Altersgrenze, bis zu der eine Züchtigung gerechtfertigt werden kann. Inzwischen ist ein Züchtigungsrecht überhaupt nur noch für die Grund- und Hauptschule, also die Volksschule im herkömmlichen Sinn, und die unteren Klassen der Realschulen und Gymnasien anerkannt[64]. Auch dort, wo das Züchtigungsrecht für zulässig gehalten wird, werden ihm nach Anlaß und Umfang Grenzen gesetzt. Die Züchtigung muß zur Erziehung des Schülers vorgenommen werden. Die Zuchtmittel müssen maßvoll und angemessen sein. Weiter wird eine körperliche Züchtigung nur bei grobem Fehlverhalten des Schülers wie frechem Benehmen, grobem Ungehorsam und vorsätzlicher Störung des Unterrichts für zulässig erachtet[65]. Zunächst interessiert freilich die Ausgestaltung des Züchti-

---

[64] Vgl. etwa *Preisendanz*, 1975, § 223 Anm. III 4 b. Mit der Auffassung, daß ein Züchtigungsrecht auch bei Berufsschulen mit Schulzwang zu bejahen sei, steht *Preisendanz* praktisch allein. Das AG Saarlouis, Urt. v. 2. 10. 1974— Ds 251/74 —, geht sogar von einer Beschränkung des Züchtigungsrechts auf die Grundschule aus.

[65] Zu dem Ganzen im einzelnen *Schönke / Schröder (Lenckner)*, 1976, § 223 Rdnrn. 27 ff.; *Preisendanz*, 1975, § 223 Anm. III 4 c.

gungsrechts weniger als sein Geltungsgrund und die systematische Einordnung. Immerhin mögen diese Andeutungen erhellen, daß es verfehlt wäre, die Befürworter eines Züchtigungsrechts leichthin zu Anhängern einer „Prügelromantik" abzustempeln, wird doch auch nach ihrer Vorstellung die körperliche Züchtigung nur noch in „homöopathischer Dosierung" zugelassen.

A. Kompetenzrechtliche Qualifikation

Fragen des Geltungsgrundes und der systematischen Einordnung des Züchtigungsrechts haben bislang in der wissenschaftlichen Diskussion nicht die nötige Beachtung gefunden. Dies dürfte auch damit zusammenhängen, daß die systematische „Durchforstung" von Rechtfertigungsgründen allgemein erst allmählich ins Blickfeld der wissenschaftlichen Auseinandersetzung gerückt ist[66]. Dieses relative Desinteresse erscheint auf den ersten Anhieb durchaus verständlich, da sich aus der exakten systematischen Einordnung eines Rechtfertigungsgrundes kaum praktische Konsequenzen ergeben und man angesichts der Grenzenlosigkeit des Herkunftsbereichs von Rechtfertigungsgründen eine vollständige Systematik ohnehin nicht anstreben kann. Sobald indessen die Anerkennung eines Rechtfertigungsgrundes in Zweifel gezogen wird, gewinnen Fragen des Herkunftsbereichs und der rechtlichen Qualifikation an Gewicht.

Bei der systematischen Einordnung des Züchtigungsrechts des Lehrers geht es darum zu klären, ob es sich um eine schulrechtliche oder eine strafrechtliche Materie handelt oder ob sie gar beiden Bereichen zugleich zugeordnet werden kann. Danach richtet sich die kompetenzrechtliche Qualifikation, die Frage also, ob für diese Materie die Zuständigkeit des Landes oder die des Bundes oder gar beider Zuständigkeit begründet ist.

In einem gewissen Gegensatz zu der bisherigen Zurückhaltung im Schrifttum haben Fragen der Zuordnung des Züchtigungsrechts die höchstrichterliche Rechtsprechung von Anfang an beschäftigt. Schon die erste Entscheidung des Reichsgerichts aus dem Jahre 1880 bezog zur Kompetenz des Landesgesetzgebers in diesem Bereich Stellung: „... soweit also die Landesgesetzgebung innerhalb ihrer Zuständigkeit einem Beamten ein Züchtigungsrecht erteilt, fällt die in Ausübung und innerhalb der Grenzen desselben vorgenommene Handlung nicht unter das Strafgesetz, auch wenn sie objektiv als eine Körperverletzung im Sinne des Strafgesetzbuches sich darstellt. Die Landesgesetzgebung mag denn Bestimmungen darüber treffen, gegenüber welchen Schülern eine Züch-

---

[66] Grds. zu dieser Fragestellung *Roxin*, 1973, 24—32.

tigung zulässig sei, was als Züchtigung gegenüber von Schülern anzusehen, welche Züchtigungsmittel in Anwendung zu bringen seien, unter welchen Voraussetzungen das Züchtigungsrecht auszuüben sei, und die einzelnen zugelassenen Züchtigungsmittel anzuwenden seien[67]." In erster Linie geht es dem Reichsgericht zwar darum, den Spielraum der Landesgesetzgebung in dieser Frage abzustecken. Implizite erklärt das Reichsgericht damit aber auch, daß eine (landes)gesetzliche Grundlage erforderlich sei und geht stillschweigend von der schulrechtlichen Provenienz eines derartigen Rechtfertigungsgrundes aus. Während das Reichsgericht anfangs noch die Anknüpfung in der landesgesetzlichen Regelung gesucht hat, wird das Züchtigungsrecht erstmals von RGSt 20, 371, als „selbstverständliches Attribut" der Eltern und aller derjenigen Personen bezeichnet, denen nach dem Gesetz neben den Eltern oder an Stelle derselben ein Erziehungsrecht zusteht.

„Selbstverständliches Attribut" läßt sich im Sinne der Rechtsquellenlehre nicht so recht einordnen, klingt es doch fast wie eine Ableitung aus überpositivem Recht oder gar aus außerrechtlichen Maßstäben[68]. Jedenfalls wurde dem so verstandenen Erziehungsrecht als Rechtfertigungsgrund eine Art Auffangcharakter für die Fälle beigemessen, in denen eine positiv-rechtliche Regelung fehlte[69]. In RGSt 40, 432, 433, kann man sich schon kurzerhand darauf berufen, daß das Reichsgericht eine Züchtigungsbefugnis des Lehrers wiederholt anerkannt habe[70]. Ausdrücklich von einer gewohnheitsrechtlichen Geltung des Züchtigungsrechts ist aber erst in der Rechtsprechung des Bundesgerichtshofs die Rede[71]. Das Oberlandesgericht Zweibrücken gründet das Züchtigungsrecht des Lehrers von vornherein auf ein allgemeines Gewohnheitsrecht und bestimmt auch die Grenzen nach Gewohnheitsrecht. Insofern markiert die Entscheidung den vorläufigen Schlußpunkt einer Entwicklung, die durch eine zunehmend selbstverständlichere Verwendung gewohnheitsrechtlicher Begründungsformen charakterisiert ist.

Gewohnheitsrecht ist freilich in der Form von Bundesgewohnheitsrecht oder — möglicherweise gleichlautendem — Landesgewohnheitsrecht denkbar. Die seit RGSt 20, 371, gebräuchliche Bezeichnung des Züchtigungsrechts als „selbstverständliches Attribut" läßt fast vermuten, daß die Rechtsprechung von einem Bundesgewohnheitsrecht

---

[67] RGSt 2, 10, 12.

[68] Die Wendung „selbstverständliches Attribut" erinnert an § 89 Einleitung Preuß. ALR: „Wem die Gesetze ein Recht geben, dem bewilligen sie auch die Mittel, ohne welche dasselbe nicht ausgeübt werden kann."

[69] Vgl. die Wendung in RGSt 35, 182, 183: „Für die Beurteilung der Frage, ob einem Lehrer gegenüber seinen Schülern ein Züchtigungsrecht zusteht, ist allerdings in erster Linie das Landesrecht maßgebend ..."

[70] RGSt 40, 432, 433.

[71] BGHSt 11, 241, 245; BGH, GA 1963, 82.

ausgeht. Auch Wendungen wie „allgemeines Gewohnheitsrecht" oder
„Geltung in ganz Deutschland"[72] suggerieren die Annahme von Bundesgewohnheitsrecht[73]. Dem steht freilich entgegen, daß die Frage der
Züchtigungsbefugnis des Lehrers in den einzelnen Entscheidungen
trotz allgemein gehaltener Formulierung immer wieder für das spezifische Land entschieden worden ist. Zuletzt qualifizierte BGHSt 11, 241,
244, das Züchtigungsrecht des Lehrers ausdrücklich als landesrechtliche
Materie: „Die Züchtigungsbefugnis des Lehrers war weder reichsgesetz-
lich, noch ist sie bundesgesetzlich geregelt. Die gesetzgeberische Zuständigkeit liegt insoweit bei den Ländern. Denn die sachliche Begründung
für das Züchtigungsrecht kann nur aus der Erziehungsaufgabe hergelei-
tet werden, die dem Lehrer allgemein gestellt ist. Als Lehrer ist er aber
Landesbeamter. In dieser Eigenschaft sind ihm Recht und Pflicht zur
Erziehung der ihm anvertrauten Schulkinder als Amtsbefugnis und
Amtspflicht übertragen. Die Frage der Züchtigungsbefugnis ist also ein
Gegenstand des „Schulrechts", das nach der Zuständigkeitsverteilung
zwischen Bund und Ländern nach dem Grundgesetz ebenso wie früher
unter der Reichsverfassung von 1871 ausschließlich den Ländern zusteht[74]". Die Rechtsprechung geht weiter davon aus, daß das Gewohnheitsrecht durch Landesgesetz beseitigt werden könne. Landesgesetze
können selbstverständlich nur Landesrecht außer Kraft setzen. Angesichts des Hinweises auf den schulrechtlichen Charakter der Materie
und der regionalen Begrenzung der Entscheidungen muß man daher
davon ausgehen, daß die Rechtsprechung das schulische Züchtigungsrecht entgegen dem ersten Anschein als Landesgewohnheitsrecht betrachtet.

Mit der kompetenzrechtlichen Qualifikation setzt sich auch die Amtliche Begründung zum E 1962 auseinander, der im Einklang mit früheren Entwürfen auf eine Regelung des Züchtigungsrechts verzichtet hat.
„Daß ein bestehendes Züchtigungsrecht die Rechtswidrigkeit der in seiner angemessenen Ausübung begangenen Tat ausschließt, braucht nicht
besonders erwähnt zu werden. Zweifel ergeben sich erst bei der Frage,
wem ein solches Züchtigungsrecht zusteht und welchen Inhalt es hat.
Diese Fragen zu regeln, ist nicht Aufgabe des Strafgesetzbuches. Eine
gesetzliche Regelung müßte, wenn sie für erforderlich gehalten würde,
außerhalb des allgemeinen Strafrechts getroffen werden, und zwar, soweit das Züchtigungsrecht auf öffentlichem Recht beruht, in erster Linie
im Landesrecht[75]." Die Ausgestaltung des Züchtigungsrechts soll danach

---

[72] So bei *Roxin / Schünemann / Haffke,* 1975, 77.

[73] *Maurach,* 1971, 356, unterlegt der Rspr. die Annahme von Bundesgewohnheitsrecht.

[74] BGHSt 11, 241, 244.

[75] E 1962, Amtl. Begr., S. 282.

also den Landesgesetzgebern vorbehalten bleiben, was aus seiner Qualifikation als einer Materie des öffentlichen Rechts abgeleitet wird. Fast klingt es so, als ob man eine strafgesetzliche Regelung gar nicht für zulässig hielte. Bei näherer Betrachtung spricht jedoch einiges dafür, daß man sich mit dieser Erklärung damals nicht jeglicher Kompetenz auf diesem Gebiete begeben wollte. Die als selbstverständlich charakterisierte Feststellung, daß ein bestehendes Züchtigungsrecht die Rechtswidrigkeit der in seiner angemessenen Ausübung begangenen Tat ausschließt, kann man auch so verstehen, daß man die Beantwortung der Frage, ob das Züchtigungsrecht überhaupt eine Körperverletzung zu rechtfertigen vermag, gerade nicht dem Landesrecht allein überlassen möchte. Solche bundesrechtlichen Kompetenzansprüche sind im Grunde schon in der ersten Entscheidung des Reichsgerichts zur Frage des Züchtigungsrechts angemeldet worden, wenn dort nämlich dem Landesrecht versagt wird, eine Regelung dahingehend zu treffen, daß eine Überschreitung des Züchtigungsrechts keine Körperverletzung im Sinne des § 223 StGB darstelle[76].

Man hat zwar im Ergebnis von der schulrechtlichen Provenienz des Züchtigungsrechts des Lehrers auszugehen. Mit seiner kompetenzrechtlichen Qualifikation als einer Materie des Schulrechts, für das die einzelnen Bundesländer zuständig sind, wird die Dimension dieses Rechtfertigungsgrundes aber nicht hinreichend erfaßt. Schließlich ist nicht von der Hand zu weisen, daß das Züchtigungsrecht zugleich die Grenzen strafrechtlicher Verantwortlichkeit und damit die Zuständigkeitsmaterie „Strafrecht" berührt. Das Strafrecht gehört nach Art. 74 Nr. 1 GG aber zur konkurrierenden Gesetzgebung und ist von wenigen vorbehaltenen Gebieten abgesehen durch Bundesrecht abgedeckt[77].

Die „Überschneidung" von Zuständigkeitsmaterien und damit die Problematik der kompetenzrechtlichen Qualifikation von Rechtsnormen ist eine zwangsläufige Nebenerscheinung des föderalen Systems[78]. Die Kriterien und das Verfahren der kompetenzrechtlichen Zuordnung

---

[76] RGSt 2, 10, 12: „Aber Bestimmungen in der Richtung, daß Überschreitungen des Züchtigungsrechtes, ungeachtet die Züchtigung ihrer äußeren Erscheinung nach unter den § 223 StGB fällt, und ohne Rücksicht auf die zu Grunde liegende Willensbestimmung, lediglich darum, weil sie ohne nachteilige Folgen für die Gesundheit der Schüler geblieben sind, kriminell nicht gestraft, sondern ausschließlich der disciplinellen Ahndung vorbehalten werden sollen, gehören nicht mehr zur Regelung der Schuldiscyplin, sie würden beanspruchen, den im Strafgesetzbuche normirten Thatbestand der Körperverletzung und die gerichtliche Zuständigkeit einzuschränken, und aus diesem Grunde können sie der Bestimmung des Reichsstrafrechts gegenüber nicht aufrecht gehalten werden."

[77] Im Zuge der Reform des Strafrechts zum 1. 1. 1975 ist der Bereich zulässigen Landesstrafrechts im Interesse der Einheitlichkeit des Strafrechts weiter beschnitten worden. Näher dazu *Jung*, 1975, 113.

[78] Ausf. zu dieser Problematik *Pestalozza*, 1972.

eines Regelungsgegenstandes sind umstritten. Das Bundesverfassungsgericht stellt auf die „wesensmäßige und historische Zugehörigkeit" der
Materie ab und hat zuletzt im Rahmen seiner Entscheidung zur kompetenzrechtlichen Zuordnung der Vorschriften über das Zeugnisverweigerungsrecht des Journalisten die Auffassung vertreten, daß eine „Doppel-
zuständigkeit", auf deren Grundlage Bund und Länder ein und den-
selben Gegenstand in unterschiedlicher Weise regeln könnten, dem
System der verfassungsrechtlichen Kompetenznormen fremd und mit
ihrer Abgrenzungsfunktion nicht vereinbar sei[79]. Demgegenüber ist
namentlich Pestalozza[80] der Meinung, daß die eindeutige Zuordnung
einer Materie zu einem bestimmten Rechtsgebiet nicht immer möglich
sei. Eine Regelung sei natürlich nicht schon dann als Rechtsnorm über
eine Materie anzusehen, wenn sie diese in irgendeiner Weise berühre.
Eine Norm sei vielmehr (nur) derjenigen Materie zuzuordnen, die sie
sonderrechtlich regele. Danach gebe eine Materie, die von einer Norm
nicht in ihrer Besonderheit, sondern gerade ohne Rücksicht darauf betroffen sei, für die sich die Regelung also als allgemeines Recht darstelle,
für die kompetenzrechtliche Qualifikation keinen Ausschlag[81]. Maßstab
dieser Abgrenzung könne nur die Funktion des Rechtssatzes sein. Als
wirklicher Kollisionsfall erweise sich eigentlich nur das „mehrfache"
Sonderrecht, da sich ansonsten Kompetenzkollisionen in der Weise aus-
räumen ließen, daß man allein auf die sonderrechtlich getroffene Materie abhebe. Soweit die Regelung Sonderrecht auf Bundes- wie auf Lan-
desebene darstelle, habe dies zur Konsequenz, daß sowohl der Bund als
auch die Länder zur Regelung befugt seien, die Konkurrenz also kompetenzrechtlich ungeschlichtet bleibe, aber ohne weiteres über die Rang-
hierarchie der Normen (Art. 31 GG: „Bundesrecht bricht Landesrecht")
gelöst werde[82].

Die vom Bundesverfassungsgericht angewandte Formel von der „we-
sensmäßigen und historischen Zugehörigkeit" stellt keine sonderlich
tragfähige Grundlage für eine eindeutige kompetenzrechtliche Abgrenzung dar. Es ist hier nicht der Ort, dem „Wesensargument" und seiner
beliebigen Anwendungsart im einzelnen nachzugehen[83]. Jedenfalls erscheint zweifelhaft, ob sich die „prägende Funktion" des jeweiligen Gesetzes mit hinreichender Sicherheit allemal auf den einen oder anderen
Spezialbezug festlegen läßt[84]. Insofern läßt gerade der Vergleich der

---

[79] BVerfGE 36, 193 = NJW 1974, 356 = JuS 1974, 672; wichtig auch BVerfGE
7, 29.
[80] *Pestalozza*, 1972; ähnlich *Lerche*, 1972, 471.
[81] *Pestalozza*, 1972, 183.
[82] *Pestalozza*, 1972, 189 f.
[83] Dazu *Scheuerle*, 1964.
[84] Bedenken in diese Richtung vor allem auch bei *Lerche*, 1972, 471.

beiden grundlegenden Entscheidungen des Bundesverfassungsgerichts zur kompetenzrechtlichen Qualifikation von Gesetzen Zweifel an dem Postulat eindeutiger Zuordnung aufkommen. In beiden Fällen geht es um die Kollision von Presserecht und Strafrecht. Die landesrechtliche Kompetenz zur Regelung spezieller Verjährungsvorschriften für Pressedelikte wird damit begründet, daß diese Bestimmungen sich auf Straftaten bezögen, die ausschließlich von der Presse begangen würden. Demgegenüber wird die Bundeskompetenz zur Regelung von Vorschriften über das Zeugnisverweigerungsrecht entscheidend darauf gestützt, daß sie unmittelbare Wirkungen nur innerhalb des bundesrechtlich geregelten Gerichtsverfahrens äußerten. Dieses Argument ließe sich freilich genausogut zur Begründung einer bundes(straf)rechtlichen Zuständigkeit zur Regelung der Verjährungsvorschriften für Pressedelikte anführen. Denn schließlich werden diese Verjährungsvorschriften nur im Zusammenhang mit einem strafrechtlichen Vorwurf im Rahmen eines Strafverfahrens relevant.

Folgt man der These des Bundesverfassungsgerichts, wonach ein Zwang zur eindeutigen kompetenzrechtlichen Qualifikation bestehe, so haftet solchen Entscheidungen ein mehr oder weniger zufälliger Charakter an[85]. Gerade die Prämisse, der Abgrenzungsfunktion wegen müsse in allen Fällen eine eindeutige Qualifikation erfolgen, erscheint indessen zweifelhaft. Denn bei Doppelqualifikation trägt Art. 31 GG im Zusammenwirken mit den verfassungsrechtlichen Kompetenznormen der Abgrenzungsfunktion gleichermaßen Rechnung. Dieser Weg zur Lösung des Kompetenzkonfliktes hat zudem den Vorzug größerer Klarheit. Auch bei einem System der Doppelqualifikation stellen sich natürlich Abgrenzungsprobleme im Rahmen der Abschichtung der allgemeinen zu den speziellen Bezügen der Materie[86]. Die Entscheidung für die prinzipielle Zulässigkeit von Doppelqualifikationen entbindet aber von dem rigiden „Abgrenzungszwang", dem sich das Bundesverfassungsgericht unterworfen hat, und vermeidet damit die Gefahr allzu großer Unbilligkeit des Ergebnisses.

Verfährt man bei der Zuordnung des Züchtigungsrechts des Lehrers nach den von Pestalozza entwickelten Maßstäben, so leuchtet ohne weiteres ein, daß das Rechtsverhältnis zwischen der Schule und dem Schüler davon unmittelbar betroffen ist, die Materie also insonderheit das Schulrecht betrifft und damit der Landesgesetzgeber zuständig ist. Hier

---

[85] Ebenso *Lerche*, 1972, 471.

[86] Auch hierfür kann man nicht ohne weiteres auf die vom Bundesverfassungsgericht entwickelten Kriterien zurückgreifen. Sie bedürfen vielmehr der Präzisierung etwa in dem Sinne, wie sie *Hoffmann-Riem*, 1975 a, 9, vorgenommen hat, der Regelungsanlaß, Regelungstyp, Wirkungszusammenhang und die — am Regelungstyp und Wirkungszusammenhang ausgerichtete und insofern objektivierte — Zielrichtung kumulativ entscheiden lassen will.

interessiert natürlich vor allem die kompetenzrechtliche Kehrseite der
Medaille, die Frage also, ob das Strafrecht von einer solchen Regelung
nur inzidenter betroffen ist oder ob ihr nicht auch eine spezifisch strafrechtliche Funktion zukommt.

Richtet man sich bei der Abgrenzung nach der Unterscheidung von
(kompetenzunerheblichem) allgemeinen Recht und (kompetenzentschei-
dendem) Sonderrecht, so kommt man nicht an der Feststellung vorbei,
daß die Materie „Strafrecht" von einer derartigen Regelung nicht nur
allgemein betroffen ist. Vielmehr gehört es zum Kern des strafrechtlichen Regelungsbereichs, ob eine bestimmte Personengruppe für ein
bestimmtes Verhalten strafrechtlich zur Verantwortung gezogen werden kann oder nicht.

Wollte man dem Strafgesetzgeber diese Entscheidung verwehren —
nichts anderes aber bedeutet die allgemeine Anerkennung einer ausschließlichen strafrechtlichen Landeszuständigkeit kraft Sachzusammen-
hangs — so eröffnete man die Möglichkeit eines strafrechtlichen Parti-
kularismus, der auch die Geltung des bundes(straf)rechtlichen Normen-
gefüges erschüttern könnte. Jedenfalls widerspricht die Vorstellung,
die Länder dürften im Rahmen ihrer Zuständigkeit nach Belieben
Rechtfertigungsgründe schaffen, ohne daß der Bundesgesetzgeber eingreifen könnte, der erklärten Tendenz, den Bereich landesrechtlicher
Divergenzen auf dem Gebiet des Strafrechts weiter abzubauen. Der
Gleichbehandlungsgedanke ebnet den Weg für die Kompetenz des Bundesgesetzgebers. Angesichts der besonders einschneidenden Wirkung
strafrechtlicher Reaktionen erscheint jedenfalls die Vorstellung, daß ein
bestimmtes Verhalten im Lande X strafbar und im Lande Y nicht strafbar sein soll, nur schwer erträglich.

Man kann sich des Eindrucks nicht erwehren, daß für die Verfechter
der These von der ausschließlichen landesrechtlichen Annexzuständig-
keit die Überlegung mitentscheidend gewesen ist, das Strafrecht nicht mit
dem Ballast bestimmter Spezialmaterien zu überfrachten. Es versteht
sich indessen, daß durch Bundesstrafgesetz nicht die landesrechtliche
Spezialmaterie geregelt werden darf, sondern die bundesrechtliche Zuständigkeit sich ausdrücklich auf den Strafbarkeitsbereich beschränkt.
Eine strafrechtliche Regelung muß sich also gegenüber anderen ausschließlichen Kompetenztiteln „restriktiv-neutral" verhalten. Konkret
gesprochen kann das Strafrecht nur die Grundsatzentscheidung über
die Strafbarkeit beanspruchen, hinsichtlich der Ausgestaltung des Be-
zugsfeldes eines Rechtfertigungsgrundes aber bleibt das Landesrecht
maßgebend. So erscheint etwa eine bundesrechtliche Regelung über die
Rechtfertigung amtlichen Handelns durchaus zulässig. Die Anforderungen an die Rechtfertigung im einzelnen richten sich hingegen nach dem
jeweiligen landes- oder bundesrechtlichen Bezugsfeld.

Ein gesetzliches Beispiel für diese Wechselwirkung zwischen strafrechtlicher Grundsatzentscheidung mit landesrechtlicher Einzelausgestaltung bietet die Bestimmung über die Genehmigungsfähigkeit der Vorteilsannahme für eine Diensthandlung (§ 331 Abs. 3 StGB). Danach führt die Genehmigung der zuständigen Behörde unter bestimmten Voraussetzungen zum Ausschluß der Rechtswidrigkeit der Vorteilsannahme. In dieser bundesrechtlichen Vorschrift ist teils bisheriges Bundes- und Landesrecht aufgegangen, teils wird auf Bundes- und Landesbeamtenrecht verwiesen. Insoweit handelt es sich um eine „offene" Regelung, die durch das Recht des öffentlichen Dienstes ausgefüllt wird[87]. Immerhin hat der Bundesgesetzgeber damit aber die grundsätzliche Bewertung der strafrechtlichen Bedeutung der Genehmigung für sich beansprucht.

Auf das Züchtigungsrecht des Lehrers bezogen bedeutet dies zunächst, daß der Bundesgesetzgeber die strafrechtliche Bewertung dieses Vorgangs „ansichziehen" kann. Freilich müssen die Voraussetzungen vorliegen, unter denen der Bund auf dem Gebiet der konkurrierenden Gesetzgebung tätig werden darf (Art. 72 GG). Das Tätigwerden des Bundesgesetzgebers wäre hier legitimiert zur Wahrung der Einheitlichkeit der Lebensverhältnisse über das Gebiet eines Landes hinaus (Art. 72 Abs. 2 Nr. 3 GG). Nur dürfte der Bundesgesetzgeber keine spezifisch schulrechtlichen Normen setzen. Insofern sind auch divergierende Regelungen vorstellbar in dem Sinne, daß trotz schulrechtlichen Verbots der körperlichen Züchtigung deren Strafbarkeit ausgeschlossen werden könnte. Ein solches Nebeneinander von bundesrechtlichem Strafausschluß und landesrechtlichem Verbot ist von den beiden Kompetenzbereichen abgedeckt. Dies läßt sich allerdings nicht umkehren. Weicht der Bundesgesetzgeber also von landesrechtlichen Regelungen ab, die eine körperliche Züchtigung durch den Lehrer gestatten, so wird das Landesrecht verdrängt. Für den strafrechtlichen Bereich folgt dies ohne weiteres aus Art. 31 GG. Schulrechtlich gesehen wird diese Konkurrenz durch den Grundsatz des öffentlichen Dienstrechts gelöst, wonach ein Land dem Lehrer keine Handlung gestatten darf, die gegen Strafvorschriften verstößt.

Solange der Bundesgesetzgeber von seiner Gesetzgebungsbefugnis nicht Gebrauch macht, gilt das entsprechende Landesrecht. Als „Transformator" wirkt insoweit der Grundsatz der „Einheit der Rechtsordnung". Dieser Grundsatz würde weder von einer Zurücknahme der Strafdrohung bei bestehendem schulrechtlichem Verbot einerseits, noch von der Abschaffung des körperlichen Züchtigungsrechts durch Bundesgesetz andererseits tangiert. Allgemein entnimmt man dem Grundsatz der „Einheit der Rechtsordnung", daß ein Verhalten, das in einem Teil-

---

[87] BT-Dr. 7/550, S. 272.

bereich der Rechtsordnung als rechtmäßig angesehen wird, auf einem anderen Gebiet nicht als rechtswidrig beurteilt werden kann. „Die Rechtsordnung eines Staates ist logisch, wenn auch nicht in allen technischen Erscheinungsformen, eine Einheit. Die Einteilung des Rechtsstoffes in die herkömmlichen Sachgebiete — Staats- und Verwaltungsrecht, bürgerliches Recht, Verfahrensrecht, Strafrecht usw. — dient nur der Sicherung und Durchsetzung des Rechtsfriedens, darf aber nicht dazu führen, daß die gleiche Handlung von dem einen Sachgebiet als verboten, von dem anderen als erlaubt oder gar als geboten betrachtet wird[88].“ Es kann an dieser Stelle offen bleiben, ob man in diesem Sinne überhaupt von einer „Einheit“ der Rechtsordnung sprechen kann und was im einzelnen der Grundsatz der „Einheit der Rechtsordnung“ bedeuten und leisten kann. Man mag ihn als Ausdruck der logischen Widerspruchsfreiheit des Rechtssystems, als Postulat politischer Konkordanz, als eine Art Gebot „systemfreundlichen Verhaltens“ unterschiedlicher Gesetzgebungsorgane oder aber als Steuerungsmechanismus zur Vermeidung der Überforderung des Bürgers begreifen. Welche Tragweite im einzelnen man diesem Grundsatz auch immer beimessen mag, so kann er doch nur dazu dienen, Wertungswidersprüche innerhalb der Rechtsordnung in jenen Fällen zu vermeiden, in denen die Bewertungskriterien an sich gleich sind[89]. Insofern kann es dem Strafrecht nicht verwehrt bleiben, ein Verhalten straflos zu lassen, das als disziplinarwidrig angesehen wird. Aber auch dann, wenn der Bundesgesetzgeber eine Regelungsmaterie ansichzieht, die bisher landesrechtlich geregelt war, wird der Grundsatz der „Einheit der Rechtsordnung“ nicht tangiert. Sobald der Bundesgesetzgeber den Regelungsbereich „körperliche Züchtigung durch den Lehrer“ als Gegenstand der konkurrierenden Gesetzgebung unter Berufung auf Art. 72 Abs. 2 Nr. 3 GG für sich in Anspruch nimmt, werden entgegenstehende Länderregelungen nämlich nach Art. 31 GG verdrängt.

Als Ergebnis unserer kompetenzrechtlichen Überlegungen ist festzuhalten, daß das Züchtigungsrecht sich zwar als „schulrechtliche Materie“

---

[88] *Maurach / Zipf*, 1977, 364.

[89] Dieser Ansatz wird auf anschauliche Weise durch das Steuerrecht bestätigt. Dazu *Herrmann / Heuer*, 1975, § 2 EStG Anm. 66: „Unter Einheit der Rechtsordnung entfaltet sich die Vielfalt konkreter Gesetzeszwecke; und solange ein letzter konkreter Zweck der einheitlichen Rechtsordnung nicht zu formulieren ist, wird auch die Beurteilung eines Sachverhalts je nach den konkreten Zwecken des anzuwendenden Gesetzes zu verschiedenen Rechtsfolgen gelangen, ohne daß man diese Rechtsfolgen wiederum unter einem konkreten Obersatz zusammenfassen könnte, womit dann der Eindruck der Widersprüchlichkeit entsteht. So kann die Sittenwidrigkeit eines Kaufs (z. B. einer Hehlerei) die gewollte Rechtsfolge verhindern (Zivilrecht), eine andere auslösen (Strafrecht) oder ohne Einfluß bleiben (Steuerrecht). Grund der verschiedenen Rechtsfolgen sind die verschiedenen Gesetzeszwecke; die Einheit der Rechtsordnung wird hierdurch nicht gefährdet.“

herausgebildet hat. Insofern ist es uns verwehrt, diese Rechtsfigur einfach als eine Art Strafverzicht zu bewerten. Eine solche strafrechtliche Konstruktion des Züchtigungsrechts wäre aber (bundes)gesetzgeberisch ebenso realisierbar wie die bundesweite Aufhebung des Rechtfertigungsgrundes. Das schulische Züchtigungsrecht läßt sich nämlich gleichermaßen als schulrechtliche wie als strafrechtliche Materie qualifizieren. Insofern wird am Beispiel dieses Rechtfertigungsgrundes deutlich, daß es — gerade im Zusammenhang mit dem Strafrecht — kompetenzrechtliche Bezirke geben kann, die durch die Gleichrangigkeit spezifischer Bezüge gekennzeichnet sind.

B. Die Rechtsentwicklung in den einzelnen Bundesländern

Im Mittelpunkt der Diskussion um das Züchtigungsrecht des Lehrers steht seit jeher die Frage, welche Relevanz administrativen Regelungen des Züchtigungsrechts auf strafrechtlichem Gebiet zukommt. Diese Frage gewinnt in unseren Tagen zunehmend an praktischer Bedeutung. Während die Rechtsprechung nämlich unvermindert an der Existenz eines rechtfertigenden Züchtigungsrechts festhält, ist die Entwicklung auf dem Gebiet des öffentlichen Rechts dadurch gekennzeichnet, daß die einzelnen Bundesländer das Züchtigungsrecht durch Gesetze, Verordnungen und Erlasse immer weiter zurückdrängen. Es existiert jedenfalls kein Land mehr, in dem die Züchtigung durch den Lehrer nicht irgendwelchen Einschränkungen unterworfen wäre. Allerdings ist das Züchtigungsrecht der Lehrer an öffentlichen Schulen quellenmäßig ziemlich unübersichtlich[90]. Eine Bestandsaufnahme einschlägiger Regelungen spiegelt zugleich die unterschiedliche rechtliche Durchdringung schulischer Angelegenheiten in den einzelnen Bundesländern. Nicht genug damit, daß das Schulverhältnis von einem für den Nichtfachmann verwirrenden Labyrinth von Vorschriften überzogen ist, auch deren rechtliche Einordnung bereitet Schwierigkeiten. Tendenziell häufen sich in letzter Zeit die Regelungen, in denen jegliche körperliche Züchtigung untersagt wird[91]. Durchweg finden sich entsprechende Vorschriften im Rahmen einer Gesamtregelung zulässiger Ordnungsmittel und Schulstrafen.

In Baden-Württemberg ist die körperliche Züchtigung an Schulen nach § 89 Abs. 2 Nr. 7 des dortigen Schulgesetzes[92] ausgeschlossen. In

---

[90] Man kann sich des Eindrucks nicht erwehren, daß die gewohnheitsrechtliche Begründung des Züchtigungsrechts gerade von dieser Unübersichtlichkeit profitiert hat.

[91] Die Behauptung *Oppermanns*, 1976, C 59, die Bundesländer hätten seit Anfang der siebziger Jahre (mit Ausnahme des Saarlandes) *gesetzliche* Züchtigungsverbote erlassen, ist in dieser Allgemeinheit freilich unrichtig.

[92] Schulgesetz für das Land Baden-Württemberg v. 23. 3. 1976; GBl., 410.

Bayern wurde mit Wirkung vom 1. August 1970 durch entsprechende Änderung[93] der Landesvolksschulordnung vom 24. Juli 1959 die körperliche Züchtigung im Rahmen der inneren Schulreform an Volksschulen verboten. § 39 Abs. 4 der Allgemeinen Schulordnung vom 2. Oktober 1973[94] stellt klar, daß körperliche Strafen als Ordnungsmaßnahmen nicht in Betracht kommen. Berlin hat die körperliche Züchtigung durch Verordnung vom 10. Juni 1948 verboten[95]. In dem abschließenden Katalog der nach dem bremischen Schulgesetz zugelassenen Ordnungsmaßnahmen ist die körperliche Züchtigung nicht erwähnt[96]. Hamburg hat die Materie durch Dienstanweisung geregelt. Nach der Dienstanweisung für Lehrer und anderes pädagogisches Personal an hamburgischen staatlichen Schulen vom 22. Januar 1975 soll jeder Lehrer auf die körperliche Züchtigung verzichten. Ausdrücklich verboten sind danach alle Maßnahmen, welche den Schüler körperlich oder seelisch schädigen können oder das Anstandsgefühl verletzen[97]. § 9 der hessischen Allgemeinen Schulordnung vom 29. März 1972[98] erklärt jede körperliche Züchtigung in den Schulen für unzulässig. In Niedersachsen fehlt die körperliche Züchtigung im Katalog der gesetzlich zugelassenen Erziehungs- und Ordnungsmaßnahmen[99]. Nordrhein-Westfalen hat die körperliche Züchtigung in allen Schulen durch Runderlaß vom 22. Juni 1971 untersagt[100]. In Rheinland-Pfalz besteht mit § 42 Abs. 2 Nr. 7 des Landesgesetzes über die Schulen vom 6. November 1974 ein ausdrückliches gesetzliches Verbot körperlicher Züchtigungen und Kollektivstrafen[101]. Die saarländische Allgemeine Schulordnung vom 10. November 1975, die als Rechtsverordnung erlassen worden ist[102], klammert die Frage des Züchtigungsrechts bewußt aus und verbietet nur Kollektivstrafen. In

[93] Vgl. die Änderungsbekanntmachung v. 24. 6. 1970; KMBl., 332.

[94] GVBl., 535.

[95] Verordnung über das Verbot der körperlichen Züchtigung in den Schulen und Erziehungsstätten Berlins v. 10. 6. 1948; VOBl., 340; GVBl., 6. II 2230 -3-.

[96] §§ 29, 30 Bremisches Schulgesetz i. d. Neufassung vom 18. 2. 1975; GBl., 89.

[97] Die Dienstanweisung ist im Verwaltungshandbuch für Schulen der Freien und Hansestadt Hamburg, Leitzeichen 08.60, veröffentlicht. Unterdessen wird von der Bürgerschaft der Entwurf eines Schulgesetzes beraten. Die körperliche Züchtigung erscheint nicht im Katalog der nach § 33 des Entwurfs zugelassenen schulischen Ordnungsmaßnahmen.

[98] ABl. des hess. Kultusministers, 348.

[99] § 44 Niedersächsisches Schulgesetz v. 30. 5. 1974; GVBl., 289.

[100] Gemeinsames ABl. des Kultusministeriums und des Ministeriums für Wissenschaft und Forschung 1971, 420. Der Entwurf eines Gesetzes zur Änderung des Schulverwaltungsgesetzes, des Schulpflichtgesetzes und des Weiterbildungsgesetzes (Dr. 8/1429), der z. Z. in den parlamentarischen Gremien beraten wird, sieht ein gesetzliches Verbot der körperlichen Züchtigung vor.

[101] GVBl., 487.

[102] ABl., 1239.

unmittelbarem Zusammenhang damit ist die körperliche Züchtigung an allen saarländischen Schulen durch Erlaß untersagt worden[103]. Schleswig-Holstein hat die körperliche Züchtigung durch eine Änderung des § 7 Abs. 2 der Lehrerdienstordnung mit Erlaß vom 11. Mai 1970 für unzulässig erklärt[104].

Diese Übersicht erhellt jedenfalls, daß in den Bundesländern allenthalben die Konsequenz aus der Erkenntnis gezogen worden ist, daß das Züchtigungsrecht eine Ordnungsmaßnahme von zweifelhafter Qualität darstellt. Mit einer für die zersplitterte kulturpolitische Landschaft seltenen Einmütigkeit wird ein Züchtigungsrecht an öffentlichen Schulen abgelehnt. Lediglich in Hamburg konnte man sich noch nicht zu einem absoluten Verbot durchringen. Ist man sich auch in der Sache einig, so variiert doch die Form des Verbots beträchtlich. Eindeutig den Charakter einer materiell-rechtlichen Regelung tragen die entsprechenden Bestimmungen in Baden-Württemberg, Berlin, Bremen, Niedersachsen und Rheinland-Pfalz. In Baden-Württemberg, Bremen, Niedersachsen und Rheinland-Pfalz kann das Verbot körperlicher Züchtigungen unmittelbar dem Schulgesetz entnommen werden, sei es, weil die körperliche Züchtigung in dem Katalog enumerativ aufgezählter Ordnungsmaßnahmen fehlt, sei es, weil sie sogar — wie in Baden-Württemberg und Rheinland-Pfalz — vom Gesetz ausdrücklich verboten ist. Auch das Berliner Verbot der körperlichen Züchtigung in Schulen hat Gesetzeskraft, da die entsprechende Verordnung des Magistrats — ausgehend von der Verfassungslage in Berlin bei ihrem Inkrafttreten — Gesetzesrang hat[105].

Die rechtliche Qualität der einschlägigen Regelungen in den Schulordnungen läßt sich nicht so ohne weiteres beurteilen. Dies ist auf die allgemeinen Schwierigkeiten bei der rechtlichen Qualifikation von Schulordnungen zurückzuführen. Die bayerische Regelung ist als Rechtsverordnung erlassen worden[106]. Auch die hessische Schulordnung hat Rechtssatzqualität. Die Wirksamkeit der hessischen Schulordnung wird aber bezweifelt, da einerseits eine den Voraussetzungen des Art. 80 Abs. 1 Satz 2 GG genügende Ermächtigung fehlt und sie andererseits ungeachtet ihrer Rechtssatzqualität als bloße Verwaltungsvorschrift erlassen worden ist[107]. Hamburg, Nordrhein-Westfalen, das Saarland und

---

[103] Erlaß betreffend das Verbot der körperlichen Züchtigung von Schülern v. 10. 11. 1975; GMBl., 896. In dem Erlaß wird ausdrücklich darauf hingewiesen, daß Lehrer, die gegen diese dienstliche Anordnung verstoßen, sich einer Dienstpflichtverletzung schuldig machen.

[104] NBl. KM. Schl.-H., 183.

[105] Vgl. dazu auch *Löhning*, 1974, 27.

[106] Ausf. zur Würdigung der einzelnen Schulordnungen *Löhning*, 1974, 201 ff.

[107] In Hessen gehen freilich die Schulbehörden davon aus, daß die Schulordnung nach den Vorschriften des hessischen Verkündungsgesetzes ordnungsgemäß verkündet worden sei. Speziell die Fragen der rechtlichen Qualifikation

Schleswig-Holstein haben das Verbot bzw. die Einschränkung der körperlichen Züchtigung in die Form einer bloßen Dienstanweisung gekleidet.

Angesichts dieser — bei aller Unterschiedlichkeit der Regelungen — beeindruckenden Übereinstimmung in der prinzipiellen Zurückdrängung des Züchtigungsrechts in den Ländern muß die Beharrlichkeit, mit der die Rechtsprechung und zum Teil auch das Schrifttum am Züchtigungsrecht festhalten, auf den ersten Blick verwundern. Sie erscheint dem Einwand ausgesetzt, daß dadurch die Rechtsfortentwicklung auf dem Gebiet des Schulrechts geradezu negiert werde, man also die Materie nicht einerseits als schulrechtliche qualifizieren und sich andererseits über die schulrechtlichen Realitäten hinwegsetzen dürfe. Was im Schulrecht verboten sei, könne doch nicht im Strafrecht erlaubt sein.

Hinter diesen Überlegungen, die die Diskussion um das Züchtigungsrecht des Lehrers von Anbeginn begleiteten, scheint der Gedanke der „Einheit der Rechtsordnung", und zwar dieses Mal in umgekehrter Richtung, durchzuschimmern. Der Grundsatz der „Einheit der Rechtsordnung" läßt sich freilich nicht in dieser Form umkehren. Was disziplinar- oder ganz allgemein schulrechtswidrig ist, braucht nicht strafwürdig zu sein. Genau genommen geht es auch gar nicht darum, daß der gleiche Sachverhalt eine unterschiedliche Beurteilung durch das Schulrecht und das Strafrecht erfährt. Vielmehr stehen wir vor einer Normkollision auf dem gleichen Rechtsgebiet. Einerseits wird die Existenz eines entsprechenden Schulgewohnheitsrechts behauptet, andererseits existieren allenthalben Verbote der schulischen Züchtigung.

Unstreitig kann — jedenfalls unter *schul*rechtlichen Gesichtspunkten — Gewohnheitsrecht im Rang eines materiellen Gesetzes durch ein späteres Gesetz im materiellen Sinne beseitigt werden. Ausgehend davon ist das schulrechtliche Gewohnheitsrecht in Bayern, Baden-Württemberg, Berlin, Bremen, Niedersachsen und Rheinland-Pfalz außer Kraft gesetzt worden. Anders wird man die Lage in den Ländern zu beurteilen haben, in denen das Verbot durch Verwaltungsvorschriften erfolgt ist. Zwar beanspruchen diese Verwaltungsvorschriften an sich nur im Verhältnis des Staates zu seinen Bediensteten, nicht aber im Verhältnis des Staates gegenüber seinen Bürgern Geltung. Es ist allerdings längst anerkannt, daß Verwaltungsvorschriften unter gewissen Voraussetzungen Außenwirkung zukommen kann[108]. Nur vermag auch eine in diesem Sinne differenzierte Beurteilung des Rechtscharakters

---

von Schulordnungen sind natürlich lebhaft umstritten. Dies hängt unmittelbar mit der Diskussion um das Schulverhältnis als besonderes Gewaltverhältnis zusammen. Dazu w. u. mehr.

[108] Einzelheiten zur Wirkkraft von Verwaltungsvorschriften bei *Ossenbühl*, 1968, 484 ff.

von Verwaltungsvorschriften nichts daran zu ändern, daß Gewohnheitsrecht und Verwaltungsvorschrift auf verschiedenen Ebenen angesiedelt sind, es sich also um unterschiedliche Rechtsnormkategorien handelt[109]. Eine förmliche Aufhebung des Gewohnheitsrechts könnte aber nur durch eine Norm der gleichen Kategorie, also durch Gesetz erfolgen. Die Konstellation mag auf den ersten Blick eigenartig anmuten. Bei näherer Betrachtung erscheint die Konstruktion, die Ausübung einer an sich bestehenden Eingriffsbefugnis Dritten gegenüber durch innerdienstliche Weisung zu reglementieren, rechtlich jedoch ohne weiteres denkbar. Damit ist freilich noch nichts über die Bedeutung solcher Verwaltungsvorschriften für die Derogation von Gewohnheitsrecht gesagt. An dieser Stelle kann vielmehr nur festgehalten werden, daß das Gewohnheitsrecht durch die Verwaltungsvorschriften nicht außer Kraft gesetzt werden kann[110].

C. Zur Derogation des gewohnheitsrechtlichen Züchtigungsrechts

Die gesamte Diskussion um das Züchtigungsrecht ist von kritischen Tönen durchsetzt. Die Zahl der Gegner des Züchtigungsrechts im juristischen Schrifttum ist gewachsen. Auch die Rechtsprechung läßt neuerdings eine gewisse Zurückhaltung erkennen. In mehreren Bundesländern ist das schulische Züchtigungsrecht durch Gesetz aufgehoben worden, in den anderen Bundesländern existieren zumindest restriktive Verwaltungsvorschriften. Das Zusammenwirken all dieser Faktoren erscheint auf den ersten Blick durchaus geeignet, das schulische Züchtigungsrecht in seiner Geltung zu erschüttern.

Die Voraussetzungen der Derogation von Gewohnheitsrecht können nicht losgelöst vom begrifflichen Verständnis dieser Rechtsquelle betrachtet werden. Gewohnheitsrecht wird traditionell durch die beiden Elemente der Übung und der Rechtsüberzeugung charakterisiert[111]. Diese Begriffsbestimmung ist zwar umfassend; zugleich ist sie aber auch so allgemein gehalten, daß die Präzisierung und Abschichtung gegenüber verwandten Phänomenen zu den Daueraufgaben der Rechtsquellenlehre zählt. Es kann an dieser Stelle weder eine umfassende

---

[109] In diesem Sinne *Rupp*, 1975, 612.

[110] Insofern kann dem Systematischen Kommentar (Horn), 1976, § 223 Rdnr. 12, nicht gefolgt werden, wenn er meint, zur Beseitigung des Gewohnheitsrechts in der gesamten Bundesrepublik reiche es aus, daß in einzelnen Ländern Verwaltungsrichtlinien und Erlasse ergangen sind. Seine Stellungnahme läßt freilich nicht klar erkennen, ob er darin eine Aufhebung oder eine Derogation des Gewohnheitsrechts erblickt.

[111] Vgl. etwa die Begriffsbestimmung von *Enneccerus / Nipperdey*, 1959, 261: „Gewohnheitsrecht ist das ungesetzte, durch einen allgemeinen, normalerweise durch Übung manifestierten Rechtsgeltungswillen der Gemeinschaft erzeugte Recht." In diesem Sinne, zumindest, was den Kern der Aussage anbelangt, auch *Larenz*, 1975, 345.

Standortbestimmung des Gewohnheitsrechts in unserem derzeitigen Rechtssystem vorgenommen, noch kann allen Abgrenzungsfragen im einzelnen nachgegangen werden[112]. Die Diskussion konzentriert sich vor allem auf die Rolle des Richters bei der Gewohnheitsrechtsbildung. Es geht dabei nicht nur darum, ob der Richter bei der Entstehung von Gewohnheitsrecht nicht notwendigerweise als „Vermittler" beteiligt sein muß, sondern — darauf aufbauend — allgemein um das Verhältnis von Gewohnheitsrecht zu Richterrecht und Gerichtsgebrauch. Je nachdem, ob man den Richter nur als Interpreten oder als den eigentlichen Schöpfer von Gewohnheitsrecht betrachtet, können die Modalitäten des Derogationsvorgangs variieren. Ohne damit in der Streitfrage, ob Richterrecht in Gewohnheitsrecht „umschlagen" kann, Stellung zu beziehen[113], erscheint jedenfalls die Annahme verfehlt, Gewohnheitsrecht könne nur im Gewand von Richterrecht in Erscheinung treten. Diese These ist, wie Tomuschat mit Recht bemerkt, erkennbar mit Blickrichtung auf das Privatrecht aufgestellt worden und berücksichtigt nicht, daß speziell auf dem Gebiet des öffentlichen Rechts noch andere Organe existieren, durch die die Manifestation des Rechtsgeltungswillens erfolgen kann[114]. Das schulische Züchtigungsrecht ist zwar in erster Linie von den Gerichten tradiert worden. Es handelt sich aber nicht um Richterrecht, das sich allmählich zu Gewohnheitsrecht verfestigt hat. Vielmehr haben sich die Gerichte von Anfang an nur als Interpreten einer allgemeinen Rechtsmeinung vom Umfang des Erziehungsrechts verstanden.

Für die Feststellung der Rechtsüberzeugung gibt es zwar keine gesicherten Maßstäbe. Man wird jedoch davon ausgehen können, daß sie sich in der Frage des Züchtigungsrechts nur unter Berücksichtigung der schulischen Praxis, pädagogischer Erkenntnisse und der Vorstellungen der beteiligten Bevölkerungskreise erschließen läßt. Entsprechendes gilt auch für die Frage der Derogation. Allerdings wird namentlich von der Rechtsprechung die Derogation von der Bildung entgegengesetzten Gewohnheitsrechts abhängig gemacht. Es reiche nicht aus, daß die allgemeine Anerkennung der gewohnheitsrechtlichen Übung abnehme und damit die Geltungskraft verblasse. Insofern wird ministeriellen Erlassen und Verwaltungsanordnungen allenfalls die Bedeutung beigemessen, eine Entwicklung eingeleitet zu haben, die zu einer Aufhebung des gewohnheitsrechtlichen Züchtigungsrechts führen könnte, aber noch nicht dazu geführt habe[115].

---

[112] Näher dazu für den Bereich des Verfassungsrechts *Tomuschat*, 1972, 44 ff.

[113] Einen Überblick über den Streitstand liefert *Tomuschat*, 1972, 52; vgl. zu den gegensätzlichen Positionen auch *Larenz*, 1975, 346, einerseits und *Esser*, 1967, andererseits.

[114] *Tomuschat*, 1972, 52.

Die These, wonach Gewohnheitsrecht erst dann außer Kraft trete, wenn es von den neuen Tendenzen völlig überwuchert worden sei, erscheint jedoch in dieser Allgemeinheit durchaus angreifbar. Natürlich werden dadurch klare Verhältnisse geschaffen, aber um den Preis, daß dem Gewohnheitsrecht eine Bestandskraft verliehen wird, die seinem wenn nicht rechtlich, so doch faktisch subsidiären Charakter zuwiderläuft. Die Rechtsprechung wird dadurch in die Lage versetzt, eine Gewohnheit als Recht zu tradieren, die unter Umständen nur noch von einer Minderheit akzeptiert wird. Dies verleiht dem Gewohnheitsrecht eine Dauerwirkung, wie sie in einem auf Kodifikation angelegten Rechtssystem nur dem verbindlichen Rechtssetzungsakt der Legislative zukommt. In einem kodifizierten Rechtssystem hat Gewohnheitsrecht nur dann eine Daseinsberechtigung, wenn es auf einem sicheren Fundament allgemeiner Anerkennung ruht. Von daher läge es nahe, die Fortgeltung eines Gewohnheitsrechtssatzes von einem „plébiscite de tous les jours" abhängig zu machen, in der Form, daß schon beim Vorliegen ernstzunehmender Zweifel die Existenzberechtigung eines gewohnheitsrechtlich begründeten Rechtssatzes entfiele[116].

Man muß sich freilich fragen, ab wann man von einer ernsthaften Erschütterung sprechen kann und wie eine solche Erschütterung überhaupt festgestellt werden soll. Soll das Gericht etwa eine Meinungsumfrage veranlassen? Oder soll es ein Hearing veranstalten? Klar scheint einerseits, daß das Gericht über die Existenz gewohnheitsrechtlicher Normen nicht ohne den Zugriff auf die Information der beteiligten Kreise befinden kann[117]. Die wachsende Bedeutung der Rechtstat-

---

[115] So zuletzt noch OLG Zweibrücken, NJW 1974, 1773; ähnlich Leipziger Kommentar (Hirsch), 1974, § 223 Rdnr. 28: „Dem ist jedoch entgegenzuhalten, daß diese neueren Tendenzen bisher nicht zur allgemeinen Rechtsüberzeugung erstarkt sind und deshalb das bisherige Gewohnheitsrecht nicht derogiert haben." Immerhin wird allgemein anerkannt, daß die innerdienstlichen Verbote gewissermaßen als Katalysatoren des Derogationsvorganges wirken können. In diesem Sinne geht das LG Kassel, Urt. v. 27.11.1974 — 43 Ls 102/74 Ns. —, davon aus, daß sich angesichts des Verbotes der Züchtigung durch Erlaß im Laufe der Zeit bei der Bevölkerung Hessens die Überzeugung gebildet habe, die körperliche Züchtigung sei schlechterdings verboten, und daß das Gewohnheitsrecht damit außer Kraft getreten sei.

[116] In diese Richtung auch *Roxin / Schünemann / Haffke*, 1975, 85; *Esser*, 1967, 97, meint, die Qualität eines Gewohnheitsrechts würde jedenfalls durch Divergenzen stark angeschlagen. Dementsprechend lassen es der Systematische Kommentar (Horn), 1976, § 223 Rdnr. 12, und *Schall*, 1977, 114, im Hinblick auf das Züchtigungsrecht für die Derogation genügen, daß die das Recht tragende Überzeugung in der Bevölkerung als geschwächt erscheint.

[117] *Hopt*, 1975, 348 f. Dies gilt auch für den Fall, daß man an die Stelle eines selbständigen Gewohnheitsrechts einen „institutionellen" Rechtfertigungsgrund setzt; denn auch dann muß geklärt werden, was als „schulwidrig" empfunden wird. Die Bedeutung des von *Esser*, 1967, 110 f., für das Züchtigungsrecht des Lehrers vertretenen „institutionellen" Ansatzes dürfte weniger in der Ablehnung eines selbständigen Gewohnheitsrechts als vielmehr positiv

sachenforschung läßt es nicht mehr zu, die Lösung des Problems in der Gleichung Gewohnheitsrecht = Richterrecht zu suchen. Dies gilt sicher unabhängig vom persönlichen Standort in der aktuellen Grundsatzfrage nach der Einbeziehung der Sozialwissenschaften in den Rechtsanwendungsprozeß. Ob es gelingen wird, die sozialwissenschaftlichen Methoden als Instrument der Feststellung gewohnheitsrechtlicher Normen nutzbar zu machen, wird sich aber erst zeigen müssen. Die tatsächliche Übung als konstituierendes Element von Gewohnheitsrecht erscheint jedenfalls einer sozialwissenschaftlichen, insbesondere empirischen Überprüfung prinzipiell durchaus zugänglich.

Auf einen allgemeineren Nenner gebracht geht es dabei überhaupt um die sozialwissenschaftliche Absicherung von Entscheidungen[118]. Als eine Art Leitlinie sollte sich der Jurist bei seiner Entscheidung jedenfalls um den Abbau von Unsicherheiten im Rahmen des Erreichbaren bemühen. Daraus folgert nicht, daß etwa das Gericht seine Entscheidung allemal durch die Hinzuziehung eines sozialwissenschaftlichen Sachverständigen absichern müßte. Andererseits sind Konstellationen denkbar, in denen das Gericht auf sozialwissenschaftliche Hilfe nicht verzichten kann. Richtwerte dafür, wann der Richter z. B. eine empirische Erhebung zur Überprüfung eines Erfahrungssatzes veranlassen sollte, lassen sich einstweilen noch nicht aufstellen. Es dürfte nur feststehen, daß die sozialwissenschaftliche Absicherung einerseits nicht auf das Gesetzgebungsverfahren und die Spruchpraxis des Bundesverfassungsgericht beschränkt bleiben darf, andererseits aber der Richter nicht in jedem Fall verpflichtet sein kann, seine Entscheidung auf sozialwissenschaftlich gesicherter Basis zu treffen. Natürlich spielt dabei eine Rolle, ob genügend sozialwissenschaftliche Sachverständige zur Verfügung stehen[119]. Von dieser unklaren Frage des Anwendungsbereichs einmal abgesehen sind die prozeßrechtlichen Auswirkungen der Heranziehung sozialwissenschaftlicher Sachverständiger und Untersuchungen noch nicht hinreichend geklärt[120]. So besteht die Gefahr, daß

---

in der ausschließlichen und unmittelbaren Anknüpfung an den konkreten schulischen Normen als Entscheidungsgrundlage zu sehen ist. In diesem Sinne geht auch die Rechtsprechung mit Blick auf die pädagogischen Grenzen des Züchtigungsrechts aus der Möglichkeit aus, einen (pädagogischen) Sachverständigen zu hören; vgl. BGHSt 6, 241, 258 f.

[118] Vgl. dazu u. a. *Naucke*, 1972, 23—47; *Hoffmann-Riem*, 1975 b, 22 ff.

[119] Von daher resultiert *Nauckes*, 1972, 45 f., eher zurückhaltende Beurteilung der Einsatzmöglichkeit sozialwissenschaftlicher Sachverständiger in der Rechtsanwendung. Freilich stellt sich das personelle Problem im Prinzip auch für die Hinzuziehung psychiatrischer Sachverständiger.

[120] So ist zu erwarten, daß sich bei der Zusammenarbeit zwischen Richter und soziologischem Sachverständigen angesichts der Sozialrelevanz der beiden Disziplinen noch ungleich schwierigere Probleme auftun werden als im Verhältnis des Richters zum psychiatrischen und psychologischen Sachverständigen. Näher dazu *Blankenburg*, 1974.

dadurch der Rahmen des herkömmlichen Verfahrens schon in zeitlicher Hinsicht gesprengt wird. Ungelöst ist auch noch das Problem der ungleichen Chancen des „Zuganges zu den Sozialwissenschaften", konkret also die Kostenfrage[121].

Es dürfte freilich für unsere Entscheidung feststehen, daß das Gericht die soziale Wirklichkeit des schulischen Lebens nicht negieren kann. Erziehungspsychologische Erkenntnisse und pädagogische Usancen müssen in die Entscheidung einfließen. Über ein uneingeschränkt ablehnendes Votum zur körperlichen Züchtigung von dieser Seite kann sich das Recht jedenfalls nicht ohne weiteres hinwegsetzen.

Dabei sieht sich der Jurist mit der Tatsache konfrontiert, daß der speziellen Thematik der körperlichen Züchtigung in Schulen von der pädagogischen Literatur längst nicht die Aufmerksamkeit geschenkt wird, die man vielleicht erwartet hätte. Zwar finden einschlägige Urteile immer wieder große und zumeist negative Resonanz. In der wissenschaftlichen Auseinandersetzung spielt dieser Komplex aber eine eher untergeordneter Rolle und dies, obwohl es sich bei den Zusammenhängen von Disziplin und Lernverhalten und der Erarbeitung von Disziplinierungstechniken um einen durchaus gängigen Forschungsschwerpunkt handelt. Auch aus dieser Zurückhaltung mag man gewisse Rückschlüsse auf die Haltung der Wissenschaft zur Zulässigkeit und Eignung körperlicher Strafen ziehen. An Stelle des einspurigen Ablaufschemas „Störung — Strafe", in dem naturgemäß der körperlichen Strafe eine entscheidende Funktion zukam, treten zunehmend differenziertere Formen der Reaktion. Schon vom Grundsatz her wird Disziplin stärker in Beziehung gesetzt zum Unterrichtsziel und zur Unterrichtsform. Daß z. B. im Frontalunterricht eher mit Disziplinschwierigkeiten zu rechnen ist als bei Kleingruppenarbeit, liegt auf der Hand. Positive Formulierung der Anordnung, gemeinsames Aufstellen von Regeln, Bewußtmachen des Sinnes einer bestimmten Regelung, Verstärkung der Lernmotivation, Strukturierung des Lehrangebotes, Abbau persönlicher Frustrationen bei den Schülern, Lob und Belohnung für ordnungsgemäßes Verhalten gelten als die Methoden der Wahl zur Aufrechterhaltung von Disziplin[122]. Vor allem wird der Frage nach der Ursache des störenden Verhaltens stärkere Bedeutung beigemessen.

Die zunehmende Individualisierung der Reaktion spiegelt sich in der Vorlage von Einzelfallstudien, deren Verallgemeinerungsfähigkeit allerdings problematisch erscheint. Dies gilt vor allem für verhaltens-

---

[121] Dazu *Hopt* 1975, 348; *Hoffmann-Riem*, 1975 b, 31.

[122] Grds. dazu *Smith*, 1969; *Gnagey*, 1971, 95, umschreibt den Richtungswandel: „This puts the focus primarily on the production of more constructive behavior instead of corrective measures after a child has broken a rule."

therapeutische Ansätze[123]. Immerhin läßt sich festhalten, daß der Lehrer über ein gegenüber früheren Zeiten verbessertes Instrumentarium verfügt, um Störungen in der Klasse zu bewältigen. Auch laufen die wissenschaftlichen Bemühungen in der Tendenz auf die Überwindung körperlicher Strafen hinaus[124]. Eine klare und unangefochtene Aussage darüber, daß der körperlichen Züchtigung in diesem verfeinerten Instrumentarium überhaupt keine sinnvolle Funktion mehr zukommt, vermißt man aber gerade[125].

Man gewinnt jedoch den Eindruck, daß der Stellenwert der körperlichen Züchtigung im schulischen Leben sich verschoben hat. Dazu hat sicher die Verfeinerung der Disziplinierungstechniken beigetragen. Manches spricht dafür, daß zu diesem mehr quantitativen Gesichtspunkt ein qualitatives Moment hinzugetreten ist. Man glaubt jedenfalls einen gewissen Wandel in der Bewertung der Disziplin für den pädagogischen Prozeß zu spüren. Dies dürfte damit zusammenhängen, daß Disziplin und Ordnung heute auch im gesamtgesellschaftlichen Prozeß eine andere Rolle spielen. Hinter dem ausgeprägten Ordnungsstreben von früher mag dabei die Vorstellung gestanden haben, durch die Gewöhnung an geregelte Abläufe auch auf die innere Haltung einwirken zu können („Ordnung ist das halbe Leben"). Wenn man auf diese Art „Ordnung" nachgerade in den schulischen Bildungsauftrag einbezieht, liegt es nahe, die Züchtigungsbefugnis als „selbstverständliches Attribut" des Erziehungsrechts zu apostrophieren und eine unmittelbare Beziehung zwischen dem Einsatz von Schulstrafen und dem Erziehungsziel herzustellen. Inzwischen dürfte sich eine differenziertere Betrachtungsweise durchgesetzt haben, bei der Ordnung und Disziplin mehr als Rahmenbedingungen des pädagogischen Prozesses figurieren. Sie verlieren damit zwar nicht den pädagogischen Bezug; schließlich wird die gesamte Institution „Schule" durch die pädagogische Zielsetzung geprägt. Aber

---

[123] Vgl. etwa die Untersuchungen von *Ramp / Ulrich / Dulaney*, 1971, und *Bolstad / Johnson*, 1972; allg. zur Aggressionskontrolle mit Methoden der Verhaltenstherapie *Euler*, 1971. *Euler* lehnt stark aversive Strafreize wie die körperliche Bestrafung ab, weil sie im Bestraften Angst weckten, die Neigung erhöhten, die soziale Situation zu verlassen, und der Bestrafende sich damit selbst zum Vorbild für Aggressionen mache (S. 220 f.).

[124] Zu dieser Entwicklung *Smith*, 1969.

[125] Die unterschiedlichen Standpunkte kommen auch in der (juristischen) Kontroverse zwischen *Eg. Schneider*, 1975, und *Karstendiek*, 1975, zum Ausdruck. Die pädagogische Fachliteratur gibt dem Lehrer zur körperlichen Züchtigung ausgesprochen zwiespältige Handlungsanweisungen: *Horney / Müller*, 1964, 157, raten dem Lehrer, die körperliche Züchtigung möglichst nicht anzuwenden, obwohl in manchen Fällen eine psychologische Rechtfertigung gegeben sein könne. *Gasser*, 1973, 57, hält „schlagen" für „wahrscheinlich so problematisch wie für die meisten Lehrer unumgänglich". *Züghart*, 1961, 149 ff., ist um „originale" Lösungsversuche mit einer Tendenz zum Heilen bemüht, muß aber einräumen, daß in der Mehrzahl der Konfliktfälle zu althergebrachten Maßnahmen wie der körperlichen Züchtigung gegriffen wird.

die Ordnung büßt ihren Eigenwert ein. Sie wird den Lernzielen zu- und damit letztlich untergeordnet. Dieser Einstellungswandel deutet sich auch in der schulrechtlichen Begriffsbildung an, die die körperliche Züchtigung nicht als Erziehungsmittel, sondern durchgehend als Ordnungsmaßnahme bzw. Schulstrafe einordnet[126].

Während der pädagogischen Literatur, vor allem den für die Praxis relevanten pädagogischen Handbüchern, kein klares und uneingeschränktes Votum gegen den Einsatz körperlicher Strafen im Unterricht entnommen werden kann, ist das schulische Züchtigungsrecht unterdessen in allen Ländern — soweit es nicht ohnehin durch Gesetz ausgeschlossen ist — im Erlaßwege verboten oder zumindest stark zurückgedrängt worden. Derartige Verbote durch Verwaltungsvorschriften können zwar das Gewohnheitsrecht nicht außer Kraft setzen. Immerhin mögen sie als Katalysatoren einer Derogation in dem Sinne wirken, daß sich durch ihre langjährige Befolgung auch bei der Bevölkerung allmählich ein entsprechendes Rechtsbewußtsein entwickelt. Vor allem aber kommt natürlich den Verwaltungsvorschriften als fachliche Stellungnahmen der Kultusverwaltungen in diesem Zusammenhang Gewicht zu. Insofern muß man sich fragen, ob diese Verwaltungsvorschriften nicht als Ächtung der körperlichen Züchtigung durch die zuständige Fachbehörde gewertet werden müssen. Soviel amtliche Übereinstimmung, so ließe sich folgern, begründe nicht nur Zweifel an der Fortgeltung des Gewohnheitsrechts, sondern komme, da sie immerhin von den Trägern der Schulaufsicht selbst ausgehe, einer Derogation gleich.

Diese Argumentation hat zwar manches für sich, entbehrt jedoch der für die Feststellung der desuetudo erforderlichen Stringenz. Das Vorgehen der Länder erscheint nämlich bei näherer Betrachtung durchaus ambivalent. Einerseits können die Verwaltungsvorschriften natürlich als negatives Votum zur erzieherischen Qualität des Züchtigungsrechts verstanden werden. Da der „pädagogische Bezug" als eine der Voraussetzungen für die Ausübung des Züchtigungsrechts figuriert, würde das Züchtigungsrecht durch eine solche „authentische Interpretation" seitens der Träger der schulischen Erziehung als Gewohnheitsrecht zumindest stark in Zweifel gezogen. Andererseits kann der Einsatz des rechtlichen Gestaltungsmittels „Erlaß" als Ausdruck einer differenzierten Strategie der Eindämmung des Züchtigungsrechts gewertet werden. Auf einen

---

[126] *Heck / Tschampa*, 1976, S. 13, klammern freilich bei ihrem Versuch einer kritischen Bestandsaufnahme des schulischen Ordnungsrechts das Züchtigungsrecht aus, weil es sich um eine nicht kodifizierte — wenn auch vielleicht in der schulischen Realität praktizierte — Konflikt-„Lösung" handele.
Zur Abgrenzung von Erziehungsmaßnahme und Schulstrafe auch *Hesselberger*, 1974, 18. *Hesselberger* sieht die Eigenart der Schulstrafe darin, daß sie eine Sanktion auf konkretes Fehlverhalten darstelle, und verlangt deshalb für die Verhängung von Schulstrafen besondere rechtliche Garantien.

einfachen Nenner gebracht, ließen sich diese Erlasse nämlich auch als bloßes Verbot der Ausübung eines an sich bestehenden Rechts deuten. Denn die betreffenden Länder handelten bei der Verkündung dieser Erlasse durchweg in Kenntnis der Auffassung der Rechtsprechung, daß eine Beseitigung des Gewohnheitsrechts nur durch Gesetz oder Derogation in Betracht komme. Man wird sich angesichts dieser Sachlage fragen müssen, warum diese Länder nicht den durch die Rechtsprechung vorgezeichneten Weg gewählt und das Züchtigungsrecht durch Gesetz außer Kraft gesetzt haben. Dieses Argument verlöre natürlich an Gewicht, wenn feststünde, daß die Länder ihrerseits von der derogierenden Kraft solcher Erlasse ausgegangen wären. Soweit überhaupt ministerielle Verlautbarungen hierzu vorliegen, lassen sie aber eher darauf schließen, daß die scheinbare Inkonsistenz, die in einer Regelung durch Erlaß gesehen werden kann, gerade auf die Übernahme des Grundansatzes der Rechtsprechung zum Züchtigungsrecht zurückzuführen ist[127]. Im Außenverhältnis sollte also die Eingriffsbefugnis des Lehrers wegen der damit verbundenen strafrechtlichen Konsequenzen gerade nicht beseitigt werden. Von daher kann man aus derartigen Regelungen nicht unbedingt auf einen Derogationswillen der Behörden schließen.

D. Züchtigungsrecht und das Grundrecht der körperlichen Unversehrtheit (Art. 2 Abs. 2 S. 1 GG)

Unsere Überlegungen zur Derogation des gewohnheitsrechtlichen Züchtigungsrechts bleiben gewissermaßen in der Schwebe. Soweit das Züchtigungsrecht nicht durch Gesetz außer Kraft gesetzt worden ist, konnte die Frage der Fortgeltung des Züchtigungsrechts keiner eindeutigen Klärung zugeführt werden. Dieses „non liquet" wird bewußt in Kauf genommen. Denn man muß sich fragen, ob mit der Überprüfung der Relevanz interner Verwaltungsanordnungen für die Grenzen des Züchtigungsrechts nicht überhaupt an der falschen Stelle angesetzt wird. Bedarf es doch eher umgekehrt der Feststellung, ob eine gewohnheitsrechtliche Begründung des Züchtigungsrechts gegenüber dem Grundgesetz Bestand hat. Gewohnheitsrecht muß wie gesetztes Recht an der Verfassung, namentlich also an den Grundrechten und den institutionellen Garantien des Grundgesetzes gemessen werden. Das gewohnheitsrechtlich verankerte schulische Züchtigungsrecht darf aber nicht nur unter dem Aspekt der Rechtfertigung gesehen werden. Die Kehrseite der Medaille besteht darin, daß ein Eingriff in die körperliche Unversehrtheit des Schülers erfolgt. Von daher gilt es zu klären, ob

---

[127] Vgl. beispielsweise die Argumentation der saarländischen Landesregierung auf die Anfrage betreffend das Züchtigungsrecht an saarländischen Schulen, Landtag des Saarlandes, Dr. 6/1704.

derartige Eingriffe durch bloßes Gewohnheitsrecht oder ob sie nach dem Grundgesetz überhaupt nur durch formelles Gesetz legitimiert werden können.

Das Züchtigungsrecht stellt eine schulische Materie dar. Allgemein wird die schulische Züchtigung dem Bereich der Ordnungsmaßnahmen und Schulstrafen zugeordnet und zählt zum eigentlichen Schulverhältnis. Damit sehen wir uns unvermittelt in die aktuelle Diskussion um die Reichweite der Geltung des Gesetzesvorbehalts im Schulverhältnis verstrickt. Diese Diskussion ist zwar noch im Fluß. Erste Zwischenergebnisse können aber als gesichert gelten.

Das Schulverhältnis zählt traditionell zu den „besonderen Gewaltverhältnissen". Mit der Kategorie des „besonderen Gewaltverhältnisses" rechtfertigte die bis vor einigen Jahren herrschende Doktrin im öffentlichen Recht die Einschränkung von Grundrechten und Rechtsschutz in bestimmten, durch eine besondere öffentlich-rechtliche Zweckbindung charakterisierten Lebensverhältnissen. In neuerer Zeit ist diese Lehre zunehmend auf Kritik gestoßen. Das „besondere Gewaltverhältnis" wurde als „historisches Liquidationsproblem" (Zacher) apostrophiert und die darin zum Ausdruck kommende Verteidigung einer „Rechtsposition des aufgeklärten Absolutismus" (Böckenförde) als mit der objektiven Wertordnung des Grundgesetzes unvereinbar angesehen[128]. Mit der Entscheidung des Bundesverfassungsgerichts zur Grundrechtsbeschränkung im Strafvollzug war der Bann endgültig gebrochen[129]. Das Bundesverfassungsgericht stellt darin mit lapidarer Kürze fest, daß auch die Grundrechte von Strafgefangenen nur durch Gesetz oder aufgrund eines Gesetzes eingeschränkt werden können. Mag auch die Begründung angesichts der Tragweite der Entscheidung etwas dürftig ausgefallen sein, so geht doch die Aussage eindeutig dahin, daß die grundgesetzliche Ordnung einen ipso iure eingeschränkten Grundrechtsschutz für bestimmte Personengruppen nicht zuläßt. Obschon diese Entscheidung an sich nur die Frage der Einschränkbarkeit von Grundrechten betraf, beansprucht sie wegen der generellen „Diskriminierung" des „besonderen Gewaltverhältnisses" auch Geltung für den allgemeinen Gesetzesvorbehalt, wobei die Frage, welche Reichweite dem Allgemeinvorbehalt angesichts der Spezialvorbehalte der einzelnen Grundrechte zukommt, an dieser Stelle nicht weiter verfolgt zu werden braucht[130].

Mit dieser Entscheidung hat ein Prozeß der „Aufarbeitung" der einzelnen „besonderen Gewaltverhältnisse" durch die Rechtsprechung ein-

---

[128] Vgl. zur verfassungsrechtlichen Entwicklung den Überblick bei *Kempf*, 1972, 701 ff.

[129] BVerfGE 33, 1; dazu *Kempf*, 1972; *Müller-Dietz*, 1972 a.

[130] Näher dazu *Löhning*, 1974, 15—18.

gesetzt. Freilich ist die Entscheidung des Bundesverfassungsgerichts zur Grundrechtsgeltung im Strafvollzug gerade wegen ihrer lapidaren Kürze der Gefahr der Überinterpretation ausgesetzt. Da es sich bei den „besonderen Gewaltverhältnissen" um heterogene Gebilde handelt, können die zur Verfassungsmäßigkeit von Grundrechtsbeschränkungen im Strafvollzug entwickelten Grundsätze trotz ihrer grundsätzlichen Tragweite nicht unbesehen auf alle anderen „besonderen Gewaltverhältnisse" übertragen werden. Vielmehr gilt es, die Konsequenzen des verfassungsrechtlichen Postulats für jedes Gewaltverhältnis gesondert auszuloten.

Speziell für das Schulverhältnis ist dieser Vorgang zwar noch nicht abgeschlossen, aber in den Grundfragen der rechtlichen Beurteilung des Schulverhältnisses zeichnet sich ein breiter Konsens ab. Als Ausgangspunkt für den allmählichen Prozeß der „Verrechtlichung" des Schulverhältnisses mag die Tagung der Deutschen Staatsrechtslehrer im Jahre 1964 über das Thema „Verwaltung und Schule" gelten[131]. 1973 hat sich die ständige Konferenz der Kultusminister ausdrücklich von dem Begriff des „besonderen Gewaltverhältnisses" distanziert und bekräftigt, daß der Grundsatz der Gesetzmäßigkeit der Verwaltung auch für die Schulen gelte[132]. Im Schrifttum mehrten sich gleichfalls die Stimmen derer, die eine gesetzliche Regelung des Schulverhältnisses fordern[133]. Unterdessen hat die Rechtsprechung die Figur des „besonderen Gewaltverhältnisses" im Prinzip auch für das Schulrecht „verabschiedet". Zumeist stützen sich die Gerichte dabei auf die Prinzipien der rechtsstaatlich-demokratischen Staatsverfassung: „Wegen der weitreichenden Bedeutung der Schulbildung für das gesamte Gemeinwesen und seine Bürger sei der freiheitssichernde rechtsstaatliche Grundsatz der Gesetzmäßigkeit auch auf das Schulverhältnis zu erstrecken, zumal gerade hier die üblichen Abgrenzungsmerkmale von Eingriff und Begünstigung unentwirrbar ineinander übergingen und das bestehende Regelungsdefizit die Überschaubarkeit der jeweils geltenden Vorschriften sowie den Rechtsschutz der Beteiligten erschwere. Ebenso gebiete das demokratische Prinzip, daß die Ordnung wichtiger Lebensbereiche zumindest in ihren Grundzügen vom demokratisch legitimierten Gesetzgeber selbst verantwortlich und in einem öffentlichen Willensbildungsprozeß unter Abwägung der verschiedenen, unter Umständen widerstreitenden Interessen gestaltet werde[134]". Das Bundesverfassungsge-

---

[131] VVDStRL, Heft 23, 147 ff.

[132] Nachweise bei *Sturm*, 1974, 7.

[133] Grdl. dazu *Löhning*, 1974.

[134] So die Zusammenfassung der Argumentation in BVerfG, NJW 1976, 1309. Seine konkrete Entscheidung stützt der Senat freilich auf den speziellen Gesetzesvorbehalt in Art. 12 Abs. 1 GG. Vgl. aus der Rechtsprechung weiter

richt hat diese Abkehr vom „besonderen Gewaltverhältnis" für den Bereich des Schulrechts unterdessen mehrfach bestätigt[135]. Der 51. Deutsche Juristentag hat gleichfalls „die entschlossene Durchsetzung des Parlaments- und Gesetzesvorbehalts im Sinne der Notwendigkeit der Regelung aller wesentlichen äußeren und inneren Schulangelegenheiten durch oder aufgrund Gesetzes"[136] gefordert. In den einzelnen Bundesländern schickt man sich an, die legislatorischen Konsequenzen aus dieser Entwicklung zu ziehen[137].

Die von der Rechtsprechung des Bundesverwaltungsgerichts und des Bundesverfassungsgerichts vertretene „Wesentlichkeitstheorie" provoziert natürlich Abgrenzungsschwierigkeiten. Vor allem wird befürchtet, daß eine allzu weite Interpretation dieses Kriteriums zu einer überzogenen Einengung schulischer und pädagogischer Freiräume führen könne. Umstritten ist u. a. noch, inwieweit die gesetzliche Regelung den gesamten Fächerkatalog festlegen müsse[138]. Es ist hier nicht der Ort, den Zweifelsfragen über die Reichweite des Gesetzesvorbehaltes im Schulrecht im einzelnen nachzugehen[139]. Denn es kann jedenfalls als gesichert gelten, daß zumindest überall dort eine gesetzliche Legitimation erforderlich ist, wo der Eingriff innerhalb des Schulverhältnisses Grundrechte der Schulbenutzer oder auch der Lehrer berührt[140].

Die körperliche Züchtigung als schulische Ordnungsmaßnahme könnte das in Art. 2 Abs. 2 Satz 1 GG geschützte Recht auf körperliche Unversehrtheit tangieren. Auch das Kind ist insoweit Grundrechtsträger[141]. Zum Teil wird freilich bezweifelt, daß es sich bei der körperlichen Züch-

---

BVerwG, DÖV 1975, 347; BVerwG, DÖV 1975, 349, sowie BVerfGE 34, 165 (hessische Förderstufe).

[135] Vgl. vor allem BVerfG, NJW 1976, 1309.

[136] So die Formulierung in den Thesen des Gutachtens von *Oppermann*, 1976, C 105.

[137] Vgl. dazu den Überblick über den Rechtszustand oben III. B.

[138] Der 51. Deutsche Juristentag hat sich mit relativ knapper Mehrheit dafür ausgesprochen, den Fächerkatalog gesetzlich zu normieren; vgl. Verhandlungen des 51. Deutschen Juristentages, Bd. II (Sitzungsberichte), Beck, München 1976, M 230. Die bisher vorliegenden Entwürfe der Reformgesetze der Länder gehen demgegenüber davon aus, daß die herkömmlichen Fächer keiner besonderen gesetzlichen Legitimierung mehr bedürften.

[139] Die Auseinandersetzung erinnert an die Kategorien „Grundverhältnis" und „Betriebsverhältnis" als Richtlinie für die Gewährung von Rechtschutz im „besonderen Gewaltverhältnis". Hier zeigt sich, daß der Abschied vom „besonderen Gewaltverhältnis" kein Abschied von den sachlichen Lösungen bedeutet, die man mit dieser Hilfskonstruktion erreicht hat. Auf diesen Gesichtspunkten hat auch *Löhning*, 1974, immer wieder aufmerksam gemacht (vgl. etwa S. 79).

[140] Vgl. *Oppermann*, 1976, C 47.

[141] Zur Grundrechtsmündigkeit im schulischen Bereich *Löhning*, 1974, 95 ff., *Oppermann*, 1976, C 83.

tigung um einen Eingriff in die körperliche Unversehrtheit handelt. Namentlich der Bundesgerichtshof verneint eine Grundrechtsverletzung nach Art eines argumentum ad absurdum mit dem Hinweis darauf, daß eine solche Auffassung nur dazu angetan sei, den Ernst dieses Grundrechts in Frage zu stellen[142]. Es sei unmittelbar einsichtig, daß Art. 2 Abs. 2 Satz 1 GG nur schwerwiegende Eingriffe wie z. B. die Unfruchtbarmachung oder Zwangsbehandlung ohne gesetzliche Grundlage ausschließen sollte. Auch Hirsch meint, es gehe bei Art. 2 Abs. 2 Satz 1 GG um gewichtigere Eingriffe als die bisher überwiegend als Teil des Erziehungsrechts anerkannte maßvolle Züchtigung von Kindern durch den Erziehungsberechtigten[143]. Ein solches Grundrechtsverständnis widerspricht indessen der Wertordnung unserer Verfassung, die dem Recht auf Leben und auf körperliche Unversehrtheit besondere Bedeutung beimißt, was einmal mehr in der Entscheidung des Bundesverfassungsgerichts zu § 218 StGB zum Ausdruck gekommen ist[144].

Sicher ist die Grundrechtsgarantie des Art. 2 Abs. 2 GG unter dem Eindruck schwerwiegender Übergriffe während der NS-Zeit wie z. B. Unfruchtbarmachung und Zwangsbehandlung ohne gesetzliche Grundlage in die Verfassung aufgenommen worden. Wer daraus freilich auf eine restriktive Interpretation dieses Grundrechtsartikels schließt, verwechselt Anlaß und Intention der Regelung. Die Vorschrift, die in die Verfassung Eingang gefunden hat, ist allgemein formuliert und läßt daher für einengende Interpretationen keinen Raum. Es fehlt zudem jeglicher Maßstab für die Feststellung, ab wann bei einem Eingriff von einem Grundrechtsverstoß auszugehen wäre. Die Fixierung eines derartigen „Schwellenwertes" ließe sich zudem praktisch nicht durchführen und schon gar nicht durch den Hinweis auf jene Beispiele aus der NS-Zeit leisten, die den grundrechtlichen Schutz der körperlichen Unversehrtheit auf einige extrem gelagerte Fälle reduzieren würden. Wortlaut und Sinnzusammenhang der Vorschrift sprechen vielmehr dafür, daß die Schutzpflicht des Staates umfassend konzipiert ist und sich auf die gesamte körperliche und seelische Beschaffenheit des Menschen erstreckt[145]. Diese Auslegung entspricht auch dem von der Rechtsprechung des Bundesverfassungsgerichts aufgestellten Grundsatz, „wonach in Zweifelsfällen diejenige Auslegung zu wählen ist, welche die juristische Wirkungskraft der Grundrechtsnorm am stärksten entfaltet[146]".

---

[142] BGHSt 11, 241, 249.

[143] Leipziger Kommentar (Hirsch), 1974, § 223 Rdnr. 28; ebenso Wessels, 1976, 67.

[144] BVerfGE 39, 1.

[145] So v. Münch (Niemöhlmann), 1974, Art. 2 Rdnr. 28; Maunz / Dürig / Herzog (Dürig), 1973, Art. 2 II Rdnr. 48; Jescheck, 1972, 294.

[146] BVerfGE 32, 54, 71.

Ausgesprochen geringfügige Eingriffe dürften freilich von dem Grundrechtsschutz nicht erfaßt werden. Die körperliche Züchtigung kann in diesem Sinne aber nicht als geringfügig bezeichnet werden. Obschon der verfassungsrechtliche und der strafrechtlich geschützte Bereich einander nicht unbedingt entsprechen müssen, bietet sich in Ermangelung brauchbarer Abgrenzungskriterien als Richtwert die „Tatbestandsschwelle" des § 223 StGB an. Was danach als tatbestandsmäßig gilt, wird jedenfalls auch vom Schutzbereich des Art. 2 Abs. 2 GG erfaßt. Der prinzipiellen Einbeziehung der körperlichen Züchtigung in den Schutzbereich des Art. 2 Abs. 2 GG steht auch die pädagogische Freiheit des Lehrers nicht entgegen. Zum einen ist gerade dieser Bereich durchgehend reglementiert. Zum anderen unterliegt der pädagogische Sinn der körperlichen Züchtigung erheblichen Zweifeln. Eine „sozialadäquate" Einschränkung des Schutzbereichs des Art. 2 Abs. 2 GG kommt daher ebensowenig in Betracht wie eine sozialadäquate Einschränkung des Tatbestandes des § 223 StGB.

Das Züchtigungsrecht des Lehrers ist allerdings nicht durch den Rückgriff auf das „besondere Gewaltverhältnis", sondern gewohnheitsrechtlich begründet worden. Die Ausgangsfrage muß daher dahingehend präzisiert werden, ob eine gewohnheitsrechtliche Begründung den Anforderungen der Verfassung standhält. Prima vista handelt es sich dabei ja um eine „solidere" Rechtsquelle als die Hilfskonstruktion des „besonderen Gewaltverhältnisses" selbst. Freilich muß in diesem Zusammenhang klargestellt werden: Solange man das „besondere Gewaltverhältnis" und damit den Kompetenzzuwachs der Verwaltung als ein „absolutistisches Relikt einer Haus- und Herrengewalt des Staates" (Herb. Krüger) verstand, tauchte das Legitimationsproblem gar nicht erst auf. Wenn nun auf Grund einer veränderten Verfassungslage bzw. eines veränderten Verfassungsverständnisses die Frage nach der Legitimation gestellt wird, ja gestellt werden muß, kann man sich nicht auf andauernde Übung berufen; denn: „Aus der — noch so lange andauernden — Übung, auf eine Legitimation ausdrücklich zu verzichten, kann sich aber kein Gewohnheitsrecht gebildet haben, das eine nach der Verfassung — abweichend vom früheren Zustand — erforderliche Eingriffsermächtigung ersetzen könnte[147]." Damit wird dem „besonderen Gewaltverhältnis" die Existenzberechtigung nicht nur als Ermächtigungsformel sui generis, sondern auch als gewohnheitsrechtlich verstandene Ermächtigung für eine Regelung durch die Verwaltung abgesprochen[148]. Dieser gewohnheitsrechtliche Begründungsansatz als eine Art „Ersatzbegründung" für die Ausnahme vom Vorbehaltsprinzip in „besonderen Ge-

---

[147] *Kempf*, 1972, 703.
[148] Grdl. dazu *Jesch*, 1961, 206 ff.

waltverhältnissen" teilt also das Schicksal der Lehre vom „besonderen Gewaltverhältnis".

Das Züchtigungsrecht des Lehrers hat freilich eine besondere Entwicklung durchlaufen. Seine gewohnheitsrechtliche Begründung wurde ohne Rücksicht auf die Figur des „besonderen Gewaltverhältnisses" in der Erziehungsaufgabe gesucht. Bezeichnenderweise taucht der Begriff des „besonderen Gewaltverhältnisses" in der Argumentation auch nie auf. Die körperliche Züchtigung wurde nicht mit einer besonderen Pflichtenbindung in Zusammenhang gebracht, sondern figurierte als „selbstverständliches Attribut" eines vorrechtlich verstandenen Erziehungsbegriffs. Darin liegt jedoch zunächst noch nichts Besonderes. Vielmehr reiht sich das Phänomen „körperliche Züchtigung in der Schule" zwanglos in den allgemeinen Prozeß der Verrechtlichung des Schulverhältnisses ein. Was früher ohne weiteres auf die pädagogische Gestaltungsbefugnis des Lehrers zurückgeführt wurde, wird zunehmend in schul(ordnungs)rechtliche Kategorien umgesetzt.

Hinsichtlich der körperlichen Züchtigung hat dieser Prozeß sogar schon sehr früh eingesetzt. Die körperliche Züchtigung wird schon seit langem als Straf- und Ordnungsmittel verstanden und einer entsprechenden Reglementierung unterworfen. Straf- und Ordnungsmittel bilden aber einen integralen Bestandteil des Schulverhältnisses. Gerade in diesem Bereich kommt dem Grundrechtsschutz besondere Bedeutung zu. Wie für alle anderen wesentlichen grundrechtsrelevanten Eingriffe im Schulverhältnis wäre daher auch für die körperliche Züchtigung die Legitimation durch ein formelles Gesetz erforderlich[149].

Dieser Feststellung kann man auch nicht dadurch ausweichen, daß man die gewohnheitsrechtliche Begründung des Züchtigungsrechts an Schulen von der allgemeinen Diskussion um die Grundrechtsgeltung in „besonderen Gewaltverhältnissen" löst. Für eine solche Aussonderung läßt sich zwar geltend machen, daß das Züchtigungsrecht des Lehrers von Anbeginn an als eine eigenständige, weitgehend von den Strafgerichten geformte gewohnheitsrechtliche Rechtsfigur verstanden wurde. Man kommt aber nicht an der Tatsache vorbei, daß der Lehrer als Träger hoheitlicher Gewalt an die Grundrechte gebunden ist. Die Frage der Vereinbarkeit eines gewohnheitsrechtlichen Züchtigungsrechts mit Art. 2 Abs. 2 GG stellt sich also allemal. Freilich dient verschiedentlich gerade das Züchtigungsrecht des Lehrers als Beleg dafür, daß vorkonstitutionelles Gewohnheitsrecht dem Gesetzesvorbehalt des Art. 2 Abs. 2 GG genüge[150].

---

[149] Ebenso i. Erg. *Jescheck*, 1972, 294; *Oppermann*, 1976, C 59.
[150] Vgl. aus neuerer Zeit *Roxin / Schünemann / Haffke*, 1975, 78; allg. zu dieser Problematik *H. Müller*, 1970, 74 ff.

Es mag dahinstehen, ob sich diese Meinung angesichts der Rechtsprechung des Bundesverfassungsgerichts zur Grundrechtsbeschränkung in „besonderen Gewaltverhältnissen" noch aufrechterhalten läßt. Die Rückwirkung der Entscheidungen auf den Gesetzesvorbehalt im „allgemeinen Gewaltverhältnis" erscheint noch nicht hinreichend geklärt. Man dürfte diese Rechtsprechung jedoch überinterpretieren, wenn man sie als ausdrückliches Votum für eine uneingeschränkte Geltung des Vorbehaltsgrundsatzes ansähe. Ihr Anliegen ging doch eher dahin, die rechtsstaatlichen Garantien des „allgemeinen Gewaltverhältnisses" auf das „besondere Gewaltverhältnis" zu übertragen. Unter diesen Umständen erscheint es speziell im Falle des Züchtigungsrechts und seiner besonderen Entwicklung angebracht, gewissermaßen als Probe aufs Exempel auch den Maßstab des „allgemeinen Gewaltverhältnisses" heranzuziehen.

Die Verfechter der These, daß insoweit vorkonstitutionelles Gewohnheitsrecht dem Gesetzesvorbehalt genüge, können sich immerhin auf eine gefestigte Rechtsprechung des Bundesverfassungsgerichts stützen. Das Bundesverfassungsgericht hat in ständiger Rechtsprechung vorkonstitutionelles Gewohnheitsrecht als Grundlage einer wirksamen Regelung der Berufsfreiheit im Sinne des Art. 12 Abs. 1 Satz 2 GG anerkannt[151]. Nur sind diese ausschließlich am Grundrecht der Berufsfreiheit entwickelten Grundsätze nicht verallgemeinerungsfähig. Auch aus Art. 123 GG läßt sich nicht ohne weiteres auf die Fortgeltung vorkonstitutioneller Einschränkungen des Art. 2 Abs. 2 GG schließen. Nach Art. 123 Abs. 1 GG gilt vorkonstitutionelles Recht zwar fort, wenn es dem Grundgesetz nicht widerspricht. Allgemein wird diese Bestimmung als Sperre gegenüber jenem vorkonstitutionellen Recht gedeutet, das inhaltlich (materiell) mit dem Grundgesetz nicht vereinbar ist[152]. Man griffe aber zu kurz, wollte man den Vorbehaltsgrundsatz ausschließlich unter formalen Aspekten betrachten. Gehört es doch bei Art. 2 Abs. 2 GG zum Kern der grundgesetzlichen Aussage, daß Eingriffe in die darin genannten Grundrechte nur auf der Grundlage eines formellen Gesetzes erfolgen dürfen.

Die Entscheidung über die verfassungsrechtliche Zulässigkeit der Grundrechtsbeschränkung durch vorkonstitutionelles Gewohnheitsrecht hängt daher von der Struktur und Relevanz des in Rede stehenden Grundrechts ab. Bei Art. 2 Abs. 2 GG läßt sich mit dem Gedanken der Kontinuität der Rechtsanwendung schwerlich operieren. Diese Überlegungen mögen noch angehen im Bereich der Berufsausübung. Der Vitalbereich des Lebens und der körperlichen Unversehrtheit darf jedoch nicht zur Disposition durch ungeschriebene Rechtsnormen stehen[153].

---

[151] BVerfGE 9, 343; 15, 233; 16, 218; 28, 28; 34, 293.
[152] Vgl. *Maunz / Dürig / Herzog (Maunz)*, 1973, Art. 123 Rdnr. 9.

Der Vorbehalt des förmlichen Gesetzes muß vielmehr umso ernster genommen werden, je höher der Rang des in Frage stehenden Rechtsgutes innerhalb der Wertordnung des Grundgesetzes anzusetzen ist. Es widerspräche dem hohen Rang, den das Grundgesetz gerade dem Schutz des Lebens und der körperlichen Unversehrtheit beimißt, wenn man in diesem Bereich Einschränkungen durch vorkonstitutionelles Gewohnheitsrecht duldete. Gegen die Hinnahme von Einschränkungen durch Gewohnheitsrecht spricht auch der historische Entstehungsgrund der Vorschrift, die unter dem Eindruck von Übergriffen im Dritten Reich ausdrücklich in den Grundrechtskatalog aufgenommen wurde.

Als Fazit kann daher festgehalten werden, daß die körperliche Züchtigung durch den Lehrer als Eingriff in das Grundrecht der körperlichen Unversehrtheit nur durch *formelles* Gesetz legitimiert werden kann[154]. Diese Legitimation ist in keinem Bundesland vorhanden. Vorkonstitutionelles Gewohnheitsrecht vermag derartige Eingriffe nicht abzudecken. Dieser Mangel wird auch nicht durch die Tatsache geheilt, daß es sich um einen Eingriff in einem „besonderen Gewaltverhältnis" handelt. Das „besondere Gewaltverhältnis" ist als Formel zur Rechtfertigung von Grundrechtseinschränkungen für das Schulverhältnis überholt. Es besteht auch keine Notwendigkeit, den verfassungswidrigen Zustand noch für eine Übergangszeit hinzunehmen. Das Züchtigungsrecht zählt nicht zum gesicherten Bestand des Schulverhältnisses, in dem um der Funktionsfähigkeit der Gesamtinstitution willen keine Regelungslücke auftreten sollte. Zwar hat das Bundesverfassungsgericht die grundsätzliche Zulässigkeit derartiger Übergangslösungen zur Sicherung der Funktionsfähigkeit der Schule, und zwar speziell für den Fall einer nicht rechtsförmigen Ausgestaltung des schulischen Disziplinar- und Ordnungsrechts bejaht[155]. Die Zurückhaltung der einzelnen Länderregelungen zeigt aber, daß die Ordnung offenbar ohne ein Züchtigungsrecht gewährleistet werden kann. Eine „Notlösung" in Form der Aufrechterhaltung des Züchtigungsrechts liefe der realen Entwicklung, die durch

---

[153] Gegen die Einschränkbarkeit von Art. 2 Abs. 2 GG durch vorkonstitutionelles Gewohnheitsrecht *v. Münch* (*Niemöhlmann*), 1974, Art. 2 Rdnr. 55; *Giese / Schunck*, 1970, Art. 2 Anm. 8; *Maunz / Dürig / Herzog* (*Dürig*), 1973, Art. 2 II Rdnrn. 6 f.; 47; *Driewer*, 1969, 56. Die Verfechter der Gegenmeinung, wie etwa *H. Müller*, 1970, 73 ff., gehen ohnehin nur von einer übergangsweisen Fortgeltung vorkonstitutioneller gewohnheitsrechtlicher Ermächtigungen aus.

[154] Diese Feststellung gilt freilich nur auf der Grundlage der Vorstellung vom Züchtigungsrecht als einer Eingriffsbefugnis. Faßte man das Züchtigungsrecht demgegenüber als eine Art gewohnheitsrechtlicher Strafverzicht auf, wäre man an den Gesetzesvorbehalt des Art. 2 Abs. 2 GG nicht gebunden. Denn bei der Konstruktion des Strafverzichts zöge sich das Strafrecht einfach zurück. Freilich handelt es sich dabei nur um ein Denkmodell, da die Entwicklung des Züchtigungsrechts von vornherein die andere Bahn, nämlich die der Rechtfertigung des Lehrers eingeschlagen hat.

[155] BVerfG, NJW 1976, 1311.

einen kontinuierlichen Abbau des Züchtigungsrechts gekennzeichnet ist, zuwider. Für das schulische Züchtigungsrecht fehlt es damit an einer den verfassungsrechtlichen Anforderungen genügenden Eingriffsgrundlage.

E. Strafbarkeitslücke als Folge der Verfassungswidrigkeit eines gewohnheitsrechtlich begründeten Züchtigungsrechts

Bei Lehrern als Hoheitsträgern erweist sich also eine gewohnheitsrechtliche Ermächtigung zur Züchtigung als unzureichend. Als Eingriff in die körperliche Integrität bedarf die Züchtigung der formell-gesetzlichen Grundlage. In Ermangelung entsprechender gesetzlicher Regelungen kommt die körperliche Züchtigung als schulisches Ordnungsmittel nicht in Betracht. Dieses Ergebnis, zu dem wir auf der Grundlage verfassungsrechtlicher Überlegungen gelangt sind, stimmt auch mit der tatsächlichen Entwicklung im Schulbereich überein.

Aus der Tatsache, daß für das schulische Ordnungsmittel „Züchtigung" nach der derzeitigen Rechtslage kein Raum mehr ist, gilt es nun die strafrechtlichen Konsequenzen zu ziehen. Strafrechtlich betrachtet wirkte das allgemeine Schulgewohnheitsrecht über den Grundsatz der „Einheit der Rechtsordnung" als Rechtfertigungsgrund. Man wäre daher fast geneigt, den Ablauf einfach umzukehren und aus dem Wegfall der schulrechtlich begründeten Legitimation über den Grundsatz der „Einheit der Rechtsordnung" auf die Strafbarkeit der körperlichen Züchtigung zu schließen. Der Grundsatz der „Einheit der Rechtsordnung" bewirkt jedoch keinen derartigen Automatismus. Schon gar nicht folgt aus dem Grundsatz der „Einheit der Rechtsordnung", daß bei Wegfall eines außerstrafrechtlichen Rechtfertigungsgrundes in jedem Falle bestraft werden müßte. Diese Entscheidung kann wiederum nur unter Zugrundelegung strafrechtlicher Wertkategorien getroffen werden. Würdigt man den Wegfall des Rechtfertigungsgrundes unter diesem Aspekt, so ist nicht zu übersehen, daß dadurch der Strafbarkeitsbereich erweitert wird. Rechtfertigungsgründe stellen ihrer Struktur nach zwar Ausnahmeregeln dar, die den Strafbarkeitsbereich einschränken. Das bedeutet aber in der Umkehrung, daß bei Wegfall oder Modikation eines Rechtfertigungsgrundes ein Verhalten bestraft würde, das vorher nicht strafbar war. Es fragt sich also, ob sich durch den Wegfall des Rechtfertigungsgrundes „Züchtigungsrecht" der Strafbarkeitsbereich automatisch erweitert oder ob es hierzu im Hinblick auf Art. 103 Abs. 2 GG nicht einer Regelung durch formelles Gesetz bedarf.

Ansatzweise findet sich die Fragestellung auch in der Rechtsprechung zum Züchtigungsrecht. In der grundlegenden Entscheidung BGHSt 11, 241, heißt es nämlich: „Ebensowenig wie bloße Verwaltungsverordnungen einen Rechtfertigungsgrund schaffen, d. h. den Geltungsbereich des

Strafgesetzes einengen können, haben sie die Kraft, einen das Unrecht tatbestandsmäßigen Verhaltens ausschließenden Rechtssatz, mag er auf materiellem Gesetz oder auf Gewohnheitsrecht beruhen, aufzuheben und damit ein Verhalten, das bisher nicht strafbar war, zu kriminellem Unrecht zu erklären[156]." Im Anschluß daran wird das Gericht noch konkreter: „Ein gewohnheitsrechtliches Züchtigungsrecht könnte durch Rechtsverordnung ebenfalls nur in der Weise aufgehoben werden, daß zunächst ein formelles Gesetz die Aufhebung unter bestimmten Voraussetzungen für zulässig erklärt...[157]."

Diese Feststellungen des Bundesgerichtshofs werden von allgemeinen normtheoretischen Überlegungen einerseits und von einem bestimmten Verständnis des Verfassungspostulats des Art. 103 Abs. 2 GG andererseits getragen. Die Entscheidung geht zunächst davon aus, daß durch „Verwaltungsvorschriften" nach der grundgesetzlichen Zuständigkeitsregelung kein für alle geltendes objektives Recht gesetzt werden kann[158]. Wenn der Bundesgerichtshof dann aber sogar ein formelles Gesetz zur Aufhebung des Züchtigungsrechts fordert, wendet er — möglicherweise unbewußt — den Grundsatz des nulla poena sine lege scripta auch für den Bereich der Rechtfertigungsgründe an. Die Argumentation des Bundesgerichtshofs ist nicht ganz frei von Widerspruch. Während man dem Leitsatz der Entscheidung glaubt entnehmen zu können, daß der Bundesgerichtshof ein materielles Gesetz zur Aufhebung ausreichen lassen möchte, besteht man in der Begründung auf dem Erfordernis des formellen Gesetzes. Mit der Wendung, daß Verwaltungsanordnungen nicht die Kraft beigemessen werden könne, ein Verhalten, das bisher nicht strafbar war, zu kriminellen Unrecht zu erklären, trifft die Entscheidung jedenfalls den sachlichen Kern der Auseinandersetzung um die Fortgeltung des Züchtigungsrechts. Geht es doch darum, ob die Derogation eines gewohnheitsrechtlich entstandenen Rechtfertigungsgrundes oder seine Verfassungswidrigkeit sich ohne weiteres auf die Strafbarkeit des vordem gerechtfertigten Verhaltens auswirkt.

Möglichkeiten und Grenzen einer derartigen Fluktuation auf der Strafbarkeitsebene bestimmen sich nicht zuletzt danach, inwieweit Rechtfertigungsgründe generell und speziell der Rechtfertigungsgrund des Züchtigungsrechts von der Verfassungsgarantie des Art. 103 Abs. 2 GG erfaßt werden[159]. Vergegenwärtigen wir uns noch einmal die Aus-

---

[156] BGHSt 11, 241, 252.

[157] BGHSt 11, 241, 253.

[158] Allg. zur Stellung der Verwaltungsvorschriften im grundgesetzlichen Normensystem *Rupp*, 1975.

[159] Das Problem stellt sich hier anders als bei der (gewohnheitsrechtlichen) Bildung eines Rechtfertigungsgrundes, die sich zugunsten des Täters auswirkt; dies übersieht *Dreher*, 1972, 222, wenn er meint, aus der Anwendbarkeit des

gangssituation: Ein zunächst gewohnheitsrechtlich anerkannter Rechtfertigungsgrund wird zunehmend in Zweifel gezogen und zudem als
verfassungswidrig erkannt. Heißt das, daß damit der Lehrer automatisch
wegen Körperverletzung, und zwar wegen Körperverletzung im Amt zu
bestrafen ist?

Die Bedeutung des nullum-crimen-Satzes für den Rechtfertigungsbereich ist noch wenig geklärt. Als einigermaßen gesichert kann eigentlich
nur gelten, daß Art. 103 Abs. 2 GG der Bildung neuer Rechtfertigungsgründe nicht im Wege steht[160]. Gegenstand lebhafter Auseinandersetzung ist hingegen die Frage, ob die Einengung eines bestehenden Rechtfertigungsgrundes an den Maßstäben des Art. 103 Abs. 2 GG gemessen
werden kann.

Den unmittelbaren Anlaß zu dieser Kontroverse bot der Streit um die
„sozialethischen" Grenzen der Notwehr. Namentlich Kratzsch vertritt
die These, daß jede den Wortlaut des § 32 StGB überschreitende Einengung des Notwehrrechts als eine gegen Art. 103 Abs. 2 GG verstoßende
und deshalb unzulässige Strafbarkeitsausdehnung zu werten sei[161]. Er
geht dabei von der Überlegung aus, daß Art. 103 Art. 2 GG die Berechenbarkeit des Strafrechts und die Voraussehbarkeit von Strafsanktionen garantieren soll[162]. Auch bei der Prüfung, ob ein Erlaubnissatz
eingreife, werde unmittelbar über die Strafbarkeit menschlichen Verhaltens entschieden. Verlange man aber Berechenbarkeit, so könne man
die Geltung des Art. 103 Abs. 2 GG nicht auf „positive" Voraussetzungen der Strafbarkeit beschränken[163]. Man wird zweifeln können, ob die
Folgerungen Kratzschs gerade für das Notwehrrecht zwingend sind. Angesichts der traditionellen „Unsicherheitszone" im Grenzbereich der
Notwehr besteht keine Basis für einen solchen Vertrauensschutz. Der
Streit um die Reichweite der Notwehr ist schließlich nicht erst in unseren Tagen entbrannt, sondern bewegt jede Epoche auf Neue[164]. Die Entwicklung der Notwehrdogmatik, die in den letzten Jahrzehnten zunehmend durch diese Präzisierung der Grenzen des Rechtsmißbrauchs bestimmt ist, hält sich durchaus noch im Auslegungsbereich des § 32 StGB
und läßt sich im Grunde aus allgemeinen Strukturprinzipien der Not-

---

Art. 103 Abs. 2 GG folge automatisch ein verfassungsrechtliches Verbot gewohnheitsrechtlicher Rechtfertigungsgründe.

[160] Zurückhaltend insoweit nur *Eser*, 1976, 42.

[161] *Kratzsch*, 1971, 65—82; *ders.*, 1975, 435—441.

[162] *Kratzsch*, 1971, 70.

[163] *Kratzsch*, 1971, 71 f.

[164] Im Mittelpunkt der Betrachtungen stehen dabei immer jene typischen
Sachverhaltskonstellationen, wie sie etwa bei *Roxin*, 1973, 30, zusammengestellt sind. Speziell die Frage der Ausweichpflicht beschäftigt Rechtswissenschaft und Praxis seit Jahrhunderten, wobei das Meinungsbild im Laufe der
Zeit durchaus geschwankt hat; vgl. etwa *Jung*, 1973, 72.

wehr erklären[165]. Die Grenze der Auslegung des § 32 StGB wird erst dann überschritten, wenn das Güterabwägungsprinzip generell auf diesen Rechtfertigungsgrund übertragen wird[166].

Mag man auch die Bedenken Kratzschs gegen die Beschränkung des Notwehrrechts im Wege der Gesetzesauslegung nicht teilen, so verdient der Ausgangspunkt seiner Überlegungen, wonach Art. 103 Abs. 2 GG auch auf Rechtfertigungsgründe Anwendung finden müsse, prinzipiell Zustimmung. Zutreffend geht er nämlich davon aus, daß die einzelnen Strafbarkeitsvoraussetzungen im Grunde gleichwertig sind[167]. Konsequent zu Ende gedacht würde dies allerdings bedeuten, daß auch prozessuale Voraussetzungen der Strafbarkeit wie etwa Einstellungsvorschriften in den Geltungsbereich des Art. 103 Abs. 2 GG einbezogen werden müßten, was freilich in einem gewissen Widerspruch zu der verbreiteten These steht, wonach die formellen Vorschriften über die Verfolgbarkeit vom Rückwirkungsverbot des Art. 103 Abs. 2 GG nicht erfaßt werden[168].

Jedenfalls erscheint eine schematische Differenzierung zwischen dem Allgemeinen und dem Besonderen Teil des StGB im Hinblick auf Art. 103 Abs. 2 GG sachfremd. Schon die Prämisse, wonach der Besondere Teil sämtliche leges im Sinne des nullum-crimen-Satzes umfasse, ist fragwürdig[169]. Die Verfassungsnorm des Art. 103 Abs. 2 GG soll gewährleisten, daß der Bereich des Strafbaren gesetzlich umschrieben ist. Der Strafbarkeitsbereich wird aber im Grunde erst unter Heranziehung des Allgemeinen Teils festgelegt[170]. Speziell wenn man mit der wohl überwiegenden Meinung die Wurzel des nulla-poena-Satzes im Verfassungsprinzip der Rechtsstaatlichkeit sieht, kann man die allgemeinen Lehren von der Verfassungsgarantie nicht ohne weiteres ausklammern. Das Verfassungsprinzip der Rechtsstaatlichkeit verlangt Voraussehbarkeit und Berechenbarkeit staatlicher Machtäußerungen. Restlose Vorhersehbarkeit aller Rechtsfolgen ist zwar nicht zu verwirklichen. Der Bürger soll sich aber im Regelfall orientieren können, ob ein Verhalten

[165] Vielfach wird die „Gebotenheitsklausel" als tatbestandlicher Anknüpfungspunkt für die Konkretisierung derartiger „sozialethischer" Schranken genommen; dazu *Stree*, 1975, 35; *Jescheck*, 1972, 256.

[166] Im Ergebnis übereinstimmend *Roxin*, 1973, 31 f.

[167] So auch *Fincke*, 1975, 16, Fußn. 71; *Jescheck*, 1972, 256, bleibt für seine Unterteilung in unmittelbare und mittelbare Voraussetzungen der Strafbarkeit die Begründung schuldig.

[168] So die ständige Rechtsprechung — zuletzt BGHSt 26, 228 = JZ 1976, 763, und BVerfGE 41, 246, sowie die ganz überwiegende Meinung im Schrifttum; vgl. etwa *Maunz/Dürig/Herzog (Dürig)*, 1973, Art. 103 II Rdnrn. 108 ff.; *Maurach/Zipf*, 1977, 164. A. A. *Grünwald*, 1965, 521 ff.; *Jung*, 1974, 62; Systematischer Kommentar (Schreiber), 1975, § 1 Rdnr. 9; *Schreiber*, 1976, 220.

[169] So auch *Eser*, 1976, 37.

[170] Ausf. dazu *Fincke*, 1975, 15.

mit hoher oder geringer Wahrscheinlichkeit zu Strafe führen kann. Der Vertrauensgedanke muß insofern objektiv gefaßt werden im Sinne einer durchgängigen Festlegung des (Straf)Rechts, die es von wechselnder Willkür abhebt und damit einen Zustand schafft, in dem man das Vertrauen haben kann, nicht mit willkürlichen Strafeingriffen überzogen zu werden[171]. Mit einem derartigen Verständnis der Art. 103 Abs. 2 GG ist es nicht zu vereinbaren, das Gesetzmäßigkeitsprinzip nur auf die mit Strafdrohungen gekoppelten Tatbestände des Besonderen Teil zu beschränken. Vielmehr darf das „vor die Klammer ziehen" nicht mit einem Verlust an Rechtssicherheit einhergehen. Die Reichweite des nulla-poena-Satzes bestimmt sich nicht nach solchen formalen Kategorisierungen, sondern differiert je nach der Struktur und Funktion der Form[172]. Bildlich gesprochen muß Art. 103 Abs. 2 GG „Reibungsverluste" hinnehmen, die auf den Sachgesetzlichkeiten der Gesetzgebungstechnik und den strukturellen Unterschieden der rechtlichen Gestaltungsmittel beruhen. Schon das notwendig generalisierende Gesetz läuft in der Tendenz der Garantiefunktion des Art. 103 Abs. 2 GG zuwider[173]. Als eine Art Minimalvorstellung erscheint Art. 103 Abs. 2 GG immerhin als ein auf die Besonderheiten der Strafrechtspflege zugeschnittenes Willkürverbot. Ein solches Willkürverbot wäre eine stumpfe Waffe, wenn es nur die Umschreibung der Verbotsmaterie des Besonderen Teils umfaßte. Als „Berechenbarkeitsmaxime" zielt Art. 103 Abs. 2 GG vielmehr darauf ab, ein Höchstmaß an Berechenbarkeit staatlicher Reaktion schlechthin zu verwirklichen[174]. Berechenbarkeit erscheint jedoch nicht

---

[171] So die Formulierung von *Schreiber*, 1976, 215; *Kohlmann* 1969, 252 ff., hat hierfür den Begriff der Berechenbarkeitsmaxime geprägt; vgl. auch *Jung*, 1974, 62.

[172] Formale Kategorisierungen, die an den Standort der Norm im Allgemeinen Teil oder Besonderen Teil anknüpfen, erscheinen vielfach nur als der Versuch, das normstrukturelle Problem auf einen (allzu) einfachen Nenner zu bringen.

[173] Zu den Zusammenhängen zwischen Gesetzgebungstechnik und Bestimmtheitsgebot *Kohlmann*, 1969, 230—237; *Kielwein*, 1960, 133; *Maunz/Dürig/Herzog (Dürig)*, 1973, Art. 103 II Rdnr. 107; *Schreiber*, 1976, 220 ff. Das Bundesverfassungsgericht stellt an die Gesetzesbestimmtheit bekanntlich nur sehr geringe Anforderungen; vgl. BVerfG, NJW 1969, 1759.

[174] Insofern stellt Art. 103 Abs. 2 GG in erster Linie eine Art kriminalpolitischer Richtwert für das Gesetzgebungsverfahren dar. *Kielwein*, 1960. 135, wertet Art. 103 Abs. 2 GG überhaupt nur als politisches Bekenntnis: „Das Bemühen, unsere heutige Strafrechtsordnung materiell der Verfassungslegalität des Art. 103 Abs. II GG zu unterstellen, zeigt, daß dieser Verfassungsartikel zu einem reinen, wenigsagenden Formalprinzip ausgehöhlt ist. So entspricht der geschichtlich gewordenen Strafrechtsordnung sehr viel mehr, wenn wir Juristen uns eingestehen, daß der im Art. 103 Abs. II GG niedergelegte Grundsatz im Strafrecht eigentlich immer Utopie geblieben ist." Auf der Grundlage eines geschärften Bewußtseins für die immanenten Grenzen des Bestimmtheitsgebotes erscheint uns diese Feststellung *Kielweins* heute eher resignativ, während sie damals gerade dazu beigetragen haben dürfte, zu einem differenzierten Verständnis des Art. 103 Abs. 2 GG zu gelangen.

als fixe Größe. Aus der Absage an die Forderung der Aufklärungszeit nach absoluter Bestimmtheit der Strafnormen[175] resultiert ein Zugewinn an Flexibilität, aus dem Verlust an Bedeutungsdichte eine Erweiterung des Radius.

Mit der Einbeziehung der allgemeinen Lehren in den Anwendungsbereich des Art. 103 Abs. 2 GG ist auch für den Bereich der Rechtfertigungsgründe die entscheidende Weichenstellung erfolgt[176]. Die Konkretisierung des Grundrechtsappells für die Rechtfertigungsebene hat sich an zwei Bezugsgrößen zu orientieren. Zum einen gilt es, die Funktion der Rechtfertigungsgründe im strafrechtlichen Gesamtsystem zu berücksichtigen, zum anderen müssen die konkreten Besonderheiten des jeweiligen Rechtfertigungsgrundes bedacht werden. Vom Grundsatz her läßt sich nicht leugnen, daß das Vorliegen oder Fehlen von Rechtfertigungsgründen unabhängig von den Streitfragen über den Standort der Rechtfertigungsgründe[177] den deliktischen Charakter des Verhaltens mitbestimmt[178]. Ihrer Funktion nach regeln die Rechtfertigungsgründe den Austrag divergierender Interessen. Die Rechtswidrigkeit erscheint als der Bereich „sozialer Konfliktslösungen, das Feld, auf dem widerstreitende Individualinteressen oder gesamtgesellschaftliche Belange mit den Bedürfnissen des einzelnen zusammenstoßen[179]". Die Mehrdimensionalität und Komplexität des Interessenkonflikts läßt sich nur durch eine entsprechend komplexere Norm einfangen, was in der Regel zu einem Verlust an Gesetzesbestimmtheit führt. Hinzu kommt, daß die Rechtfertigungsgründe für eine Vielfalt unterschiedlicher Tatbestände konzipiert sind und von daher jene aus der Beschreibung bestimmter Handlungen folgende Plastizität von vornherein vermissen lassen. Diese beiden Gesichtspunkte bedingen einen Zuwachs an Abstraktionsniveau und damit zugleich eine Ausweitung des legislatorischen Spielraums. Auf diese Art stellen die Rechtfertigungsgründe im Grunde nur mehr oder weniger faßliche Leitlinien dar[180]. Dies rechtfertigt jedoch nicht, die

---

[175] Zur Geschichte *Kohlmann*, 1969, 167—219; sowie grdl. nunmehr *Schreiber*, 1976.

[176] Die Zahl derer, die die Garantiefunktion des Gesetzes auch für die allgemeinen Lehren in Anspruch nehmen, wächst; vgl. etwa *Bockelmann*, 1975 a; 17; *Schönke/Schröder (Eser)*, 1976, § 2 Rdnr. 4. *Maurach/Zipf*, 1977, 164. Für die grundsätzliche Anwendbarkeit von Art. 103 Abs. 2 GG auf Rechtfertigungsgründe *Maunz/Dürig/Herzog (Dürig)*, 1973, Art. 103 II Rdnr. 112; Leipziger Kommentar (Hirsch), 1974, Vorbem. 28 vor § 51; *Kratzsch*, 1971, 75 ff.; *Fincke*, 1975, 16; dagegen u. a. *Jescheck*, 1972, 256; *Dreher*, 1972, 222.

[177] Dazu *Minas-v. Savigny*, 1972, 101 ff.

[178] So auch *Roxin*, 1973, 31.

[179] *Roxin*, 1973, 15.

[180] Ähnlich *Roxin*, 1973, 29 f. Besonders deutlich läßt sich dies an der neuen Gesetzesvorschrift des rechtfertigenden Notstandes demonstrieren. Die Bestimmung stellt in der derzeitigen Fassung in der Tat kaum mehr als eine Richtschnur dar; Einzelheiten bei *Stree*, 1975, 39 f.

Rechtfertigungsgründe gänzlich aus dem Normbereich des Art. 103 Abs. 2 GG auszuklammern, sondern bedeutet nur, daß sie auf einer anderen Stufe der Bestimmtheitsskala anzusiedeln sind, etwa in dem Sinne, daß der nullum-crimen-Satz bei Eingriffsrechten nicht die wörtliche Auslegung, sondern die dahinter stehenden Ordnungsprinzipien garantiert[181].

Bei aller Gemeinsamkeit im strukturellen Ansatz bestehen natürlich zwischen den einzelnen Rechtfertigungsgründen selbst erhebliche Unterschiede an tatbestandlicher „Verdichtung". Das Maß möglicher und damit auch nach Art. 103 Abs. 2 GG geforderter Bestimmtheit ist abhängig davon, wie komplex die anzustellende Interessenabwägung ist und auf welche und wieviele Tatbestände des Besonderen Teils der Rechtfertigungsgrund bezogen ist. Diese beiden Maßstäbe ergänzen und überschneiden einander. Eine solche tatbestandliche „Verdichtung" folgt nicht schon zwangsläufig daraus, daß der Rechtfertigungsgrund nur bei einer einzigen Tatbestandsgruppe des Besonderen Teils anwendbar ist. Am Beispiel des Rechtfertigungsgrundes der Wahrnehmung berechtigter Interessen zeigt sich vielmehr, wie sich die normative „Entrückung" des Bezugstatbestandes auf den Rechtfertigungsgrund auswirkt. Umgekehrt gewinnt die Notwehrregelung durch ihre Wechselbeziehung mit den deskriptiv eher faßbaren Straftaten gegen die Person an Plastizität. Das Züchtigungsrecht ist dadurch gekennzeichnet, daß sein Anwendungsbereich sich weitgehend auf die Körperverletzung des § 223 StGB und dazu noch auf eine der beiden Begehungsformen beschränkt. Diese enge Bindung zeigt sich auch darin, daß das Züchtigungsrecht zumeist in unmittelbarem Zusammenhang mit der Körperverletzung behandelt wird, also — wenn man so will — als eine Art Rechtfertigungsgrund des Besonderen Teils klassiziert werden kann[182]. Diese Verklammerung mit einem bestimmten, deskriptiv noch einigermaßen faßbaren Tatbestand färbt auch auf die Ausgestaltung des Rechtfertigungsgrundes im einzelnen ab, der durch die angemessene Ausübung und das pädagogische Motiv relativ präzise Konturen aufweist.

Selbst wenn man also die Ausdehnung des Art. 103 Abs. 2 GG auf Rechtfertigungsgründe in dieser Allgemeinheit nicht nachvollziehen möchte, läßt die Nähe des Züchtigungsrechts zu einem ganz bestimmten Deliktstatbestand begriffliche Abgrenzungen und Trennungslinien verschwimmen. Praktisch zählt das Züchtigungsrecht zum Gesamtbild des Körperverletzungstatbestandes, so daß eine Differenzierung bei der Anwendung des Art. 103 Abs. 2 GG wenig sachgerecht erscheint.

---

[181] *So Roxin*, 1973, 29, Fußn. 63.

[182] *Fincke*, 1975, 24, meldet freilich Bedenken gegen diese Einordnung an. Sein Hinweis darauf, daß das Züchtigungsrecht auch für den Tatbestand der Beleidigung bedeutsam sein könne, verliert jedoch an Gewicht, wenn man sich auf die gemeinsame Wurzel beider Tatbestände besinnt.

Die Diskussion um die Anwendbarkeit des Art. 103 Abs. 2 GG auf
Rechtfertigungsgründe hat sich bislang weitgehend auf Bestimmung der
Grenzen einer einschränkenden Interpretation (straf)gesetzlicher Rechtfertigungsgründe konzentriert. Unter diesem Gesichtspunkt betrachtet
sind Fragen der „begrifflichen Dichte" des jeweiligen Rechtfertigungsgrundes für die Anwendbarkeit des Art. 103 Abs. 2 GG von entschei-
dender Bedeutung. Derartige Differenzierungen verlieren jedoch an Gewicht in dem Augenblick, in dem es sich nicht mehr um die Grenzen
interpretativer Veränderung dreht, sondern der Rechtfertigungsgrund
als ganzes nicht mehr greift. In derartigen Fällen geht es nicht um die
Grenzen des Anwendungsbereichs. Vielmehr wird das Regelungsprinzip
als solches nicht mehr anerkannt. Man wäre daher geneigt, mit einem
argumentum a fortiori zu operieren, wird doch der Zuwachs an Strafbarkeit nicht durch irgendwelche interpretative Differenzen, sondern
durch die Aufgabe des Prinzips insgesamt bestimmt. Während diese
Überlegung bei den (straf)gesetzlichen Rechtfertigungsgründen ohne
weiteres auf Zustimmung stoßen dürfte, sieht man sich speziell bei der
Anwendung des nullum-crimen-Satzes auf das Züchtigungsrecht zwei
prinzipiellen Einwänden ausgesetzt, die — auf einen einfachen Nenner
gebracht — dahin gehen, daß Art. 103 Abs. 2 GG auf gewohnheitsrechtliche und außerstrafrechtliche Rechtfertigungsgründe keine Anwendung
finden soll.

Diese Einwände stützen sich auf Argumente, die einmal mehr die Intention des Art. 103 Abs. 2 einerseits und die Systematik der Rechtfertigungsgründe andererseits ins Blickfeld rücken. Kratzsch möchte nämlich
die Geltung des Art. 103 Abs. 2 GG für gewohnheitsrechtliche Rechtfertigungsgründe ausschließen, weil nur eine entsprechend verkündete
Strafrechtsnorm einen schutzwürdigen Vertrauenstatbestand schaffe.
Bei Rechtfertigungsgründen, die nicht im StGB geregelt seien, fehle eine
ausdrückliche Stellungnahme des Strafgesetzgebers, daß tatbestands-
mäßiges Verhalten nicht strafbar sei, wenn die Voraussetzungen eines
Rechtfertigungsgrundes erfüllt seien[183]. Diese Reduzierung des Geltungs-
bereichs auf (straf)gesetzlich geregelte Rechtfertigungsgründe erscheint
auf den ersten Blick durchaus folgerichtig. Als Gegenstück zur gesetzlichen Einschränkung der Strafbarkeit wird die Aufhebung oder Änderung des Rechtfertigungsgrundes durch Gesetz zugelassen. Eine solche
Symmetrie ist jedoch nicht zwingend. Schaffung und Aufhebung eines
Rechtfertigungsgrundes müssen nicht notwendigerweise mit dem gleichen Maß gemessen werden. Man kann einfach nicht an der Tatsache
vorbeigehen, daß die Schaffung eines Rechtfertigungsgrundes die Strafbarkeit einschränkt, seine Aufhebung sie aber erweitert.

---

[183] *Kratzsch*, 1971, 72 f.; *ders.*, 1975, 437, Fußn. 18.

Wenn man allein dem gesetzten (Straf)Recht die Fähigkeit zuspräche, einen entsprechenden Vertrauenstatbestand zu schaffen, löste man sich von dem Grundgedanken des Art. 103 Abs. 2 GG, wonach die Strafrechtspflege in ihrer Gesamtheit ein Höchstmaß an Berechenbarkeit aufweisen sollte. Dieser Grundsatz wird auch als Appell zur kontinuierlichen Aufarbeitung des Gewohnheitsrechts durch den Gesetzgeber gewertet[184]. Mit dieser Tendenz wäre es unvereinbar, den Bereich des (noch) vorhandenen Gewohnheitsrechts von dem verfassungsrechtlichen Verbot der Straferweiterung ohne gesetzliche Regelung auszusparen. Es widerspricht zudem den Realitäten unserer Rechtsordnung, allein den Gesetzesbefehl zum Anknüpfungspunkt eines solchen Vertrauenstatbestandes zu machen. Gerade Gewohnheitsrecht mit der ihm eigenen zähen Beharrlichkeit ist dem gesetzten Recht insofern durchaus ebenbürtig. Gerade weil das Gewohnheitsrecht seine Geltungskraft aus der steten Befolgung zieht, also geradezu per definitionem auf Vertrauen angelegt ist, müssen (straf)gesetzliche und gewohnheitsrechtliche Rechtfertigungsgründe unter dem Aspekt des Vertrauensschutzes gleichgestellt werden.

Das schulische Züchtigungsrecht entstammt freilich einem „außerstrafrechtlichen" Rechtsgebiet. Zum Teil wird die Auffassung vertreten, daß solche Rechtfertigungsgründe vom Geltungsbereich des Art. 103 Abs. 2 GG überhaupt nicht erfaßt werden. Danach soll die Verfassungsgarantie nur strafrechtliche Regelungen erfassen, nicht aber auch solche, die über den Grundsatz der „Einheit der Rechtsordnung" Wirkungen auf dem Gebiet des Strafrechts entfalten. Dies würde bedeuten, daß die Entwicklung anderer Rechtsgebiete über die Rechtfertigungsgründe unmittelbar den Umfang der Strafbarkeit beeinflussen würde. In diesem Sinne versteht Roxin als „lex" des Art. 103 Abs. 2 GG für den Bereich der Rechtfertigungsgründe nicht das Strafgesetz, sondern die Gesamtrechtsordnung und meint, daß die Dynamik der Rechtfertigungsgründe der Natur der Sache nach eine Auflockerung des nullumcrimen-Prinzips mit sich bringe[185].

Mit derart allgemeinen Feststellungen wird der Grundsatz der „Einheit der Rechtsordnung" jedoch überdehnt. Er bewirkt nur, daß ein Verhalten, das von einem bestimmten Teil der Rechtsordnung als rechtmäßig qualifiziert wird, vom Strafrecht gleichermaßen als rechtmäßig anerkannt wird. Von daher resultiert sicher eine gewisse Dynamik im Bereich der Rechtfertigungsgründe. Diese Bewegung verläuft aber nur „einbahnig", nämlich zugunsten des Betroffenen, indem sie die Palette der Rechtfertigungsgründe anreichert. Ist ein Rechtfertigungsgrund erst einmal im Strafrecht eingeführt, unterliegt er den verfassungsrecht-

---

[184] So ausdrücklich *Kratzsch*, 1971, 73, Fußn. 46.
[185] *Roxin*, 1973, 31.

lichen Anforderungen an die Strafrechtspflege. Sein Wegfall zieht also nicht automatisch eine Erweiterung des Strafbarkeitsbereichs nach sich. Auch unter dem Aspekt des Vertrauensschutzes kann es keinen Unterschied bedeuten, ob der Rechtfertigungsgrund im Strafrecht oder im öffentlichen Recht angesiedelt ist. Diese Unterscheidung wäre im Grunde nur berechtigt, wenn der Betroffene zwischen dem „eigentlichen" Strafrecht und den außerstrafrechtlich begründeten Rechtfertigungsgründen zu differenzieren in der Lage und verpflichtet wäre. Indessen erscheint das Strafrecht unabhängig von der kompetenzrechtlichen Qualifikation der Normen nach „außen" als Einheit. Erst recht gelangt man zur Anwendung des Art. 103 Abs. 2 GG, wenn man der hier vertretenen These der kompetenzrechtlichen Doppelqualifikation folgt; denn sie impliziert eine generelle strafrechtliche Zuständigkeit für den Bereich der Rechtfertigungsgründe.

Das heißt, daß das Züchtigungsrecht zwar nicht mehr als Rechtfertigungsgrund in Betracht kommt, weil es an einer ausreichenden gesetzlichen Grundlage mangelt, eine Bestrafung aber nur erfolgen kann, soweit das Züchtigungsrecht — was unterdessen in mehreren Bundesländern geschehen ist — durch *formelles* Gesetz aufgehoben worden ist. Art. 2 Abs. 2 GG läßt Eingriffe in die körperliche Unversehrtheit nur auf Grund formellen Gesetzes zu. Art. 103 Abs. 2 GG bestimmt demgegenüber, daß der Strafbarkeitsbereich nur auf Grund formellen Gesetzes erweitert werden kann. Durch das Aufeinandertreffen dieser beiden in der Tendenz zwar gleichgerichteten, in der Konsequenz hier aber entgegengesetzt wirkenden Verfassungspostulate entsteht eine Strafbarkeitslücke.

Da Art. 103 Abs. 2 GG nur die Frage der Strafbarkeit betrifft, gelangen wir zu unterschiedlichen Rechtsfolgen für das öffentliche Recht und das Zivilrecht einerseits und das Strafrecht andererseits. Das Verhalten des Lehrers ist in Ermangelung einer Eingriffsgrundlage rechtswidrig. Dies gilt zunächst jedenfalls für öffentliches Recht und Zivilrecht mit der Konsequenz, daß eine körperliche Züchtigung disziplinarische Maßnahmen oder Schadensersatzansprüche auslösen kann. Eine Bestrafung kann hingegen nur erfolgen, wenn den Anforderungen des Art. 103 Abs. 2 GG genügt ist, also der Gesetzgeber selbst gesprochen hat. Derart differenzierte Reaktionen entsprechen der unterschiedlichen Funktion der einzelnen Rechtsgebiete. So kennt das Strafrecht wegen seiner für den Betroffenen besonders einschneidenden Wirkung spezifische Freiheitsgarantien. In diesem Sinne kann beim Wegfall eines Rechtfertigungsgrundes nicht ohne weiteres an den Zustand vor dessen Entstehung angeknüpft werden. Bis zu einer entsprechenden gesetzlichen Regelung wirkt vielmehr der verfassungswidrige Rechtfertigungsgrund „Züchtigungsrecht" insofern nach, als seine tatbestandlichen Grenzen den Umfang des durch die Anwendung des nulla-poena-sine-lege-Grundsatz bedingten Straffreiheitsbereichs bestimmen.

Zu ähnlichen Konsequenzen gelangte der Bundesgerichtshof in seiner bekannten Entscheidung zur freiwilligen Sterilisation, indem er aus dem Wegfall eines den Tatbestand der Körperverletzung einengenden Sondergesetzes auf das Bestehen einer Gesetzeslücke schloß. Diese Entscheidung ist in ihrer Tragweite verkannt worden, weil man unter dem Eindruck der konkreten Problematik deren grundsätzliche Aussage in Bezug auf Art. 103 Abs. 2 GG nicht so recht zur Kenntnis nahm[186].

Die Ausgangslage der Entscheidung war zwar eine andere: Es war kein Rechtfertigungsgrund entfallen, sondern ein Sondergesetz aufgehoben worden, das die freiwillige Sterilisation aus dem Tatbestand der Körperverletzung herausgenommen hatte. Immerhin wird die Entscheidung aber erkennbar von der Vorstellung getragen, daß Art. 103 Abs. 2 GG eine positive und ausdrückliche Entscheidung des Gesetzgebers für die Strafbarkeit eines Verhaltens verlangt. Auf dieser Linie bewegt sich im Grunde auch jenes immer wieder angegriffene Urteil des Bundesgerichtshofs zum Züchtigungsrecht in BGHSt 11, 241[187], auch wenn dem Gericht die grundsätzlichen Implikationen seiner Ausführungen für das Außerkrafttreten gewohnheitsrechtlicher Rechtfertigungsgründe auf dem Gebiet des Strafrechts[188] nicht bewußt gewesen sein mögen.

Ungeachtet mancher Divergenzen im einzelnen hat sich die Erkenntnis von der Notwendigkeit einer prinzipiellen Erstreckung des Rückwirkungsverbotes auf Änderungen der Rechtsprechung im Strafrecht immer mehr durchgesetzt. Die Rechtsprechung bedient sich hierzu der Rechtsfigur des Verbotsirrtums, während das Schrifttum eine eher objektive Lösung favorisiert[189]. Dahinter steht die Überlegung, daß „Richterrecht" trotz aller Unterschiede im allgemeinen Geltungswert praktisch dem Gesetz schon so weit angenähert ist, „daß der Zweck des Rückwirkungsverbots — willkürfreie Allgemeinheit des Rechts zu garantieren und einen Zustand der Sicherheit und des Vertrauens im

---

[186] BGHSt 20, 81; vgl. dazu *Hanack*, 1965. Die Kritik *Kanacks* beispielsweise konzentrierte sich darauf, ob nicht aus der Aufrechterhaltung des § 226 a StGB folge, daß die Sterilisation nach dieser Vorschrift zu beurteilen sei.

[187] Vgl. vor allem BGHSt 11, 241, 252 f.

[188] Der spezifisch strafrechtliche Zuschnitt dieser Entscheidung wird von OLG Zweibrücken, NJW 1974, 1772, übersehen. Jedenfalls hätten die von BGHSt 11, 241, für das Strafrecht entwickelten Grundsätze auf einen Zivilrechtsstreit nicht ohne weiteres übertragen werden dürfen.

[189] Vgl. zur Rückwirkungsproblematik bei einer Änderung der Rechtsprechung im Strafrecht u. a. *Müller-Dietz*, 1972 b, 40—50; *Schreiber*, 1973, 713—718; *Schall*, 1977, 114; *Maurach/Zipf*, 1977, 165, alle m. w. Nachw. sowie aus der Rspr. speziell die jüngste Entscheidung zum Züchtigungsrecht BGH, NJW 1976, 1949.

Staate zu schaffen — gebietet, es darauf zu erstrecken[190]". Dies gilt erst recht für Gewohnheitsrecht, da dem Gewohnheitsrecht eine jedenfalls prinzipiell größere Geltungsqualität als dem „Richterrecht" zukommt. Insofern genügen im Falle von gewohnheitsrechtlich begründeten Rechtsfiguren Verbotsirrtum oder „Von-nun-an-Klausel" nicht, vielmehr kann hier eine Änderung nur durch formelles Gesetz erreicht werden.

Natürlich stellt sich hier die Abgrenzungsfrage, da „Richterrecht" und Gewohnheitsrecht, auch wenn die Rechtsquellenlehre rein theoretisch durchaus in der Lage ist, eine Trennungslinie zu ziehen, vielfach ineinander übergehen. Zudem mag vom Verfahren her die Technik richterlicher Änderungsankündigung flexibler erscheinen. Andererseits entspricht es der Aufgabenverteilung zwischen Gesetzgeber und Gericht, daß die Gerichte dem Gesetzgeber auf dem Gebiet des Strafrechts die Entscheidung in den Fällen überlassen, in denen sich bestimmte Rechtsfiguren gewohnheitsrechtlich verfestigt haben. Die bloße „Selbstkontrolle" durch die Gerichte reicht in diesem Fall nicht aus. Gewohnheitsrecht zeichnet sich auf der Skala der Rechtsquellen gegenüber dem „Richterrecht" zumindest prinzipiell durch eine stärkere rechtliche „Verfestigung" aus. Dem entspricht es, daß seine Aufhebung auf strafrechtlichem Gebiet nur durch formelles Gesetz und nicht schon durch die „Änderungswarnung" als einer demgegenüber abgeschwächten Form des Vertrauensschutzes erfolgen kann.

---

[190] *Schreiber*, 1973, 717.

IV. Die Übertragbarkeit
des elterlichen Züchtigungsrechts auf den Lehrer

Die Diskussion um das Züchtigungsrecht des Lehrers ist über lange Zeit durch das Bemühen gekennzeichnet gewesen, durch unterschiedliche rechtliche Gestaltungsmöglichkeiten zum gleichen Ziel, nämlich der Straflosigkeit des Lehrers, zu gelangen. Von der Überzeugung ausgehend, daß der Lehrer Erziehungsfunktionen wahrnimmt und sich hierin mit den Eltern ergänzt, bot sich als ein denkbares Gestaltungsmittel die Übertragbarkeit des elterlichen Züchtigungsrechts auf den Lehrer an. Angesichts der Rückführung beider Züchtigungsrechte auf die Erziehungsaufgabe, die sich auch in der Sammelbezeichnung „Züchtigungsrecht der Erzieher"[191] niederschlägt, mag einer solchen Konstruktion sogar ein gewisser „Plausibilitätsvorschuß" zukommen. Bei näherer Betrachtung erweist sich die Übertragbarkeit jedoch in mehrfacher Hinsicht als problematisch.

Grundvoraussetzung der Übertragbarkeit des elterlichen Züchtigungsrechts ist zunächst dessen Existenz. Während das schulische Züchtigungsrecht zunehmend in Zweifel gezogen wird, erscheint das Züchtigungsrecht der Eltern und das des Vormundes weitgehend unangefochten. Es wird aus den familienrechtlichen Bestimmungen über die elterliche Gewalt abgeleitet. Als sedes materiae wird § 1631 Abs. 1 BGB angesehen. Danach umfaßt die Sorge für die Person des Kindes das Recht und die Pflicht, das Kind zu erziehen, zu beaufsichtigen und seinen Aufenthalt zu bestimmen. Zur Erreichung des Erziehungszwecks kann nach allgemeiner Auffassung auch die körperliche Züchtigung eingesetzt werden, jedoch nicht über das durch den Erziehungszweck gebotene Maß hinaus[192].

---

[191] So z. B. die Klassifizierung bei *Wessels*, 1976, 67. *Maurach/Zipf*, 1977, 420, sprechen gar vom „Erziehungsrecht" und wollen damit den negativen Unterton vermeiden, der mit dem Begriff „Züchtigungsrecht" verbunden sei. Für den schulischen Bereich suggeriert der Begriff „Erziehungsrecht" freilich die Vorstellung, daß körperliche Einwirkungen allemal als Erziehungsmaßnahmen zu qualifizieren seien, womit die komplexen Zusammenhänge zwischen staatlichem Erziehungsrecht und schulischem Ordnungsrecht allzu vereinfacht gesehen werden.

[192] Weil das familienrechtliche Züchtigungsrecht unstreitig bejaht wird, sind die Hinweise und Erläuterungen im Schrifttum entsprechend knapp. *Wessels*, 1976, 67, etwa läßt es bei einem Satz bewenden. Ausf. zum elterlichen Züchtigungsrecht *Maurach/Zipf*, 1977, 421.

Die Einhelligkeit, mit der ein familienrechtliches Züchtigungsrecht bejaht wird, überrascht angesichts der verbreiteten Bedenken gegen eine Erziehung unter Zuhilfenahme körperlicher Zwangsmittel. Es wäre sicher verfehlt, diese Einhelligkeit als vorbehaltlos positives Votum zugunsten der erzieherischen Wirkung des elterlichen Züchtigungsrechtes zu werten. Eher dürfte dieser allgemeine Konsens von der Überzeugung getragen sein, daß der Staat sich in den privaten Bereich der Anwendung elterlicher Zuchtmittel nicht hineindrängen sollte. Die vom Vormundschaftsgericht überprüfbare Grenze stellt daher auch nicht auf die Erfolgseignung von Erziehungsmaßnahmen ab, sondern läßt ein Einschreiten nur zu, wenn das geistige und sittliche Wohl des Kindes durch den Mißbrauch des Sorgerechts gefährdet wird (§ 1666 BGB).

Diese Zurückhaltung ist freilich durchaus ambivalent. Zusammenhänge mit der Indifferenz der Gesellschaft gegenüber Kindesmißhandlungen sind nicht von der Hand zu weisen. Sicherlich kann man körperliche Züchtigung und Kindesmißhandlung nicht einfach gleichsetzen. Es spricht aber einiges dafür, daß die prinzipielle Zulässigkeit von Gewaltanwendung im Rahmen des familienrechtlichen Züchtigungsrechts Kindesmißhandlungen eher begünstigen als verhindern dürfte. Von daher gerät auch das familienrechtliche Züchtigungsrecht allmählich in das Schußfeld der Kritik[193]. Freilich dürfte das de lege lata geforderte generelle Verbot körperlicher Züchtigung in der Familie allein keine Veränderung hinsichtlich der Kindesmißhandlung bewirken. Abgesehen von der Frage der Durchsetzbarkeit eines solchen Verbots erscheint die Kindesmißhandlung als ein differenziert gelagertes Phänomen, das man nur mit einer entsprechenden differenziert angelegten sozial- und kriminalpolitischen Strategie angehen kann[194].

Allgemein geht man davon aus, daß das familienrechtliche Züchtigungsrecht im Zusammenhang mit der Wahrnehmung von Erziehungsaufgaben grundsätzlich auf einen Dritten, etwa auf einen Freund der Familie, übertragen werden kann[195]. Der höchstpersönliche Charakter der Eltern-Kind-Beziehung hatte den Bundesgerichtshof zwar zunächst an der Übertragbarkeit zweifeln lassen, weil das Züchtigungsrecht durch die Übertragung auch nur der Ausübung auf Dritte einen anderen Inhalt bekäme[196]. In einer späteren Entscheidung wandte sich der Bundesgerichtshof aber nicht mehr gegen eine Übertragbarkeit schlechthin. Er schränkte nur ein, daß der höchstpersönliche Charakter der Er-

---

[193] Vgl. etwa *Stutte*, 1971, 132; *Petri* 1976, 64. Ein gesetzliches Verbot der familienrechtlichen körperlichen Züchtigung steht bei der Reform des Rechts der elterlichen Sorge aber offenbar nicht zur Diskussion.

[194] Näher zu dem Gesamtkomplex „Kindesmißhandlung" *Jung*, 1977.

[195] Vgl. dazu *Preisendanz*, 1975, § 223 Anm. III 2; *Maurach/Zipf*, 1977, 421.

[196] BGHSt 6, 263, 271.

ziehungsgewalt dazu nötige zu untersuchen, „ob die Übertragung mit Rücksicht auf die höchstpersönliche Natur der Elternrechte und -pflichten zulässig (...) und ob die von dem Fremden getroffene Maßnahme für ihn als Nichtelternteil nach erzieherischen, insbesondere sittlichen Gesichtspunkten vertretbar erscheint[197]“. Aufgrund dieser Prämissen erachtete der Bundesgerichtshof auch eine Übertragung der elterlichen Erziehungsgewalt und damit des Züchtigungsrechts auf den Lehrer immer dann für zulässig, wenn möglich und beabsichtigt sei, daß dem Kinde „eine über die schulische hinausgehende Erziehung elterlicher Art“ zuteil werden solle[198]. Hingegen könne durch eine Zustimmung der Eltern die schulische Züchtigungsbefugnis nicht erweitert werden. Die aus der Amtsstellung des Lehrers rührende Züchtigungsbefugnis bleibe von entsprechenden Erklärungen der Eltern unberührt[199].

Mit dieser Aufspaltung, deren Sinnhaftigkeit mit dem Hinweis auf Internatsschulen begründet wird, setzt sich der Bundesgerichtshof immerhin von der Rechtsprechung des Reichsgerichts ab, das für die Übertragbarkeit selbst für den Fall eingetreten war, daß ein Gesetz die Züchtigung an der Schule verbiete[200]. Die differenzierende Betrachtung, die der Entscheidung BGHSt 12, 62, zugrunde liegt, hat auch im Schrifttum weitgehend Anerkennung gefunden[201]. Die innere Rechtfertigung wird darin gesehen, daß der Lehrer in diesen Fällen eben nicht als Lehrer, sondern nach dem Willen der Eltern als deren Stellvertreter auftrete[202] und das Züchtigungsrecht den Charakter einer auf Ausnahmefälle beschränkten Zurechtweisung durch eine dem Kind nahestehende Person behalte[203].

Diese Überlegungen bedürfen der Präzisierung. Dem Ausgangspunkt der Rechtsprechung, wonach eine Übertragung elterlicher Erziehungsaufgaben auf den Lehrer gegenstandslos sei, soweit sich seine erzieherische Betätigung ganz oder im wesentlichen in der Erfüllung seiner Erziehungsaufgaben als Lehrer erschöpft, ist zuzustimmen. In seinem „normalen“ Amts- und Erziehungsbereich kann der Lehrer durch Delegation seitens der Eltern keinen Zuwachs an Befugnissen erhalten. Diese Auffassung von den eigenständigen, aus der Amtsstellung fließenden Befugnissen bedeutet zugleich eine Absage an eine verbreitete Meinung in der Bevölkerung, die die Eltern als die einzigen Träger der Er-

---

[197] BGHSt 12, 62, 68.
[198] BGHSt 12, 62, 69.
[199] BGHSt 12, 62, 70.
[200] RGSt 61, 191.
[201] *Preisendanz*, 1975, § 223 Anm. III 3; *Dreher*, 1977, § 223 Rdnr. 14; *Jescheck*, 1972, 295; Leipziger Kommentar (Hirsch), 1974, § 223 Rdnr. 29.
[202] So *Preisendanz*, 1975, § 223 Anm. III 3.
[203] So *Jescheck*, 1972, 295.

ziehungsgewalt versteht[204]. Ein Verständnis der körperlichen Züchtigung als schulisches Ordnungsmittel läßt ohnehin die Gemeinsamkeiten beider Züchtigungsrechte verblassen. In dem Augenblick, in dem die schulische Ordnung an pädagogischem Eigenwert verliert, erscheint auch die Verknüpfung des Züchtigungsrechts mit dem Erziehungsrecht in einem anderen Licht. Bei einem solchen Bild des schulischen Züchtigungsrechts aber treten die Unterschiede zwischen dem schulischen und dem elterlichen Züchtigungsrecht stärker hervor.

Amtliche Befugnisse stehen ebenso wie amtliche Verbote nicht zur Disposition durch Private. Dieser Ausgangspunkt ist zugleich der Regelfall und wird von der Rechtsprechung auch als solcher verstanden. Das Regel-Ausnahme-Verhältnis kommt darin zum Ausdruck, daß die Zulassung der Übertragung elterlicher Erziehungsgewalt an das Vorliegen spezifischer Fallkonstellationen geknüpft wird: „Das tritt klar zutage, wenn er (scil. der Lehrer) in die häusliche Gemeinschaft der Eltern seines Schülers oder wenn der Schüler in die häusliche Gemeinschaft des Lehrers aufgenommen ist; ebenso bei einem Lehrer, der eine Schule mit angeschlossenem Heim („Internat") zu leiten hat, in dem sich das ganze Leben der Schüler abspielt. Es ist aber auch denkbar, daß ein Elternteil den Lehrer aus irgendwelchen Gründen bittet, sich des Kindes in erzieherischer Hinsicht besonders anzunehmen und es im Rahmen dieser Aufgabe notfalls auch zu züchtigen ...[205]."

Analysiert man diese Fallkonstellationen näher, so vermag die Zulassung einer Delegation des Züchtigungsrechts schon auf Grund jener unspezifischen Bitte, sich des Kindes in erzieherischer Weise besonders anzunehmen, nicht zu überzeugen. Es liegt vielmehr durchaus im Rahmen der allgemeinen pädagogischen Aufgabe des Lehrers, daß er sich um den einen Schüler mehr und um den anderen weniger kümmern muß. Ein entsprechender Hinweis der Eltern spricht ihn daher in dieser seiner amtlichen Funktion an und kann seine ihm als Amtsträger zustehenden Befugnisse nicht erweitern. In diesem Punkt sind die Ausführungen des Bundesgerichtshofs auch nicht frei von Widerspruch. Er bezeichnet es nämlich im gleichen Atemzug als ein vom erzieherischen Standpunkt aus unerträgliches Ergebnis, wenn es in einer Klasse zwei Gruppen von Schülern gäbe, solche, gegenüber denen ein Züchtigungsrecht zulässig sei, und solche ohne Züchtigungsmöglichkeit[206]. Gerade diese Situation würde aber eintreten, wenn man eine Erweiterung der Befugnisse auf Grund einer derartigen Erklärung der Eltern in Betracht zöge. Schon dieses Beispiel verdeutlicht, daß die Konstellation sich qualitativ in

---

[204] Zu dieser Haltung auch *v. Campenhausen*, 1967, 50.
[205] BGHSt 12, 62, 68 f.
[206] BGHSt 12, 62, 70.

einer Form verändern muß, von der alle Schüler gleichmäßig betroffen sind. Hierzu gehören jene relativ seltenen Fälle der Hausgemeinschaft zwischen Schüler und Lehrer und der praktisch häufigere Fall der Internatsunterbringung. In diesen Fällen und — soweit erkennbar nur in diesen Fällen — sind in dem Verhältnis „Lehrer-Schüler" Elemente enthalten, die über die normale amtliche Funktion des Lehrers hinausgehen. Denn das Verhältnis ragt unter diesen Umständen typischerweise in den sonstigen, üblicherweise nicht von der Schule, sondern von den Eltern abgedeckten Bereich hinein[207]. Während im Rahmen der schulischen Angelegenheiten eine Übertragbarkeit ausscheidet, könnte sich ein sachliches Bedürfnis für eine Übertragungsmöglichkeit also dann ergeben, wenn der Lehrer typischerweise nicht nur in seiner Eigenschaft als Pädagoge auftritt, sondern darüber hinaus auch sonstige „standardisierte" Betreuungsfunktionen wahrnimmt. Im Ergebnis läuft dies darauf hinaus, daß für den öffentlich-rechtlich strukturierten Schulbereich eine Übertragbarkeit ausscheidet.

Internate sind durchweg Annex einer Privatschule oder zumindest privatrechtlich konzipiert. Hier treten Überlagerungen mit der grundsätzlichen Frage auf, ob Privatschulen hinsichtlich einer Übertragbarkeit anders als öffentliche Schulen behandelt werden können. Die Kernfrage geht dahin, ob eine differenzierte Betrachtung der Übertragbarkeit des Züchtigungsrechts wegen der strukturellen Differenz im Tatsächlichen (= Internat) oder aber wegen der strukturellen Differenz im Rechtlichen (öffentliche Schule / Privatschule) angezeigt ist.

Die Rechtsverhältnisse an Privatschulen stellen seit Jahren einen der zentralen Streitpunkte des Schulrechts dar[208]. Privatschulen sind nach den Landesverfassungen und Schulgesetzen nicht-öffentliche Schulen, d. h. die nicht staatlichen und nicht nach Landesrecht als öffentlich geltenden Schulen[209]. Die Privatschulen genießen das Recht der freien Gestaltung des Schulbetriebs, der Erziehung und des Unterrichts. Freilich müssen sie Schulen im Sinne des Grundgesetzes bleiben. Die Bandbreite zulässiger Abweichungen zu den öffentlichen Schulen wird bei den Ergänzungsschulen durch das Erfordernis der Gleichwertigkeit wesentlich eingeengt[210]. Die staatliche Finanzhilfe trägt zusätzlich zur Verwischung der Konturen bei. Die Freiheit der Privatschulen kann — auf einen ein-

---

[207] Als Grenzfall erweisen sich insoweit die von *Maurach/Zipf*, 1977, 422, erwähnten Sonderveranstaltungen wie z. B. die Teilnahme an einem von der Schule organisierten Skikurs oder einer sonstigen Klassenfahrt. Gegen die Übertragbarkeit des familienrechtlichen Züchtigungsrechts in diesem Rahmen spricht aber schon, daß es sich in der Regel nur um kurzfristige Unterbrechungen des „normalen" Schulbetriebs handelt.

[208] *Maunz/Dürig/Herzog (Maunz)*, 1973, Art. 7 Rdnr. 90.

[209] *v. Campenhausen*, 1967, 57.

[210] *v. Campenhausen*, 1967, 68.

fachen Nenner gebracht — nur mehr bestehen, wenn der Staat sie selbst ermöglicht[211]. Die Aufsicht über die Privatschulen — mag sie auch je nach Schultyp differieren — stellt die Klammer dar, die das Privatschulwesen an das öffentliche Schulwesen bindet. Die Ausgangslage der Privatschulen zwischen Freiheit und Gebundenheit ist daher ausgesprochen komplex. Den Ausgleich zwischen der grundsätzlichen öffentlichen Verantwortlichkeit für das Schulwesen und der Privatschulfreiheit herbeizuführen, wird somit zur Daueraufgabe[212].

Als einigermaßen gesichert kann jedoch gelten, daß die Privatschulen eine öffentliche Aufgabe erfüllen. Hieraus und aus ihrer Eigenschaft als Schule im Sinne von Art. 7 Abs. 1 GG ergibt sich auch, daß die Privatschulen die üblichen Schulstrafen im Rahmen ihrer Ordnungsgewalt aussprechen können. Die Privatschulen haben insofern eine eigenständige Schul- und Ordnungsgewalt, die der amtlichen Ordnungsgewalt der öffentlichen Schulen entspricht[213]. Diese Parallelisierung muß aber auch in der umgekehrten Richtung gelten. Zwar liegt es im Wesen des Privatschulvertrages, daß die Eltern Erziehungsrechte auf die Privatschule übertragen. Möglichkeiten und Grenzen der Übertragbarkeit bestimmen sich aber nicht ausschließlich nach privatem Recht. Vielmehr wird der Spielraum der Übertragbarkeit durch den öffentlichen Charakter des Schulwesens und die dadurch geforderte Übereinstimmung in Grundfragen des Schulwesens geprägt. Der Umfang des Lehrererziehungsrechts an Privatschulen bestimmt sich nicht — oder jedenfalls nicht in erster Linie — nach dem Inhalt des Privatschulvertrages, sondern ist daran orientiert, daß es sich bei dem Schulwesen um eine öffentliche Aufgabe handelt. Insofern kann das Lehrererziehungsrecht in Grundfragen des Schulrechts — und dazu zählen auch Möglichkeiten und Grenzen körperlicher Züchtigung des Schülers als Gegenstand des schulischen Ordnungsrechts — durch entsprechende Erklärung der Eltern nicht erweitert werden. Möglichkeiten und Grenzen der Übertragbarkeit des elterlichen Züchtigungsrechts sind also nicht von der rechtlichen Struktur der Schule abhängig. Vielmehr ist davon auszugehen, daß für den eigentlichen Unterrichtsbetrieb eine Übertragung des Züchtigungsrechts nicht in Betracht kommt, da sich die Befugnisse des Lehrers hier nach seiner im Wesen der Schule verankerten Position bestimmen.

Kehren wir also zurück zu jenen Fällen struktureller Differenzen im Tatsächlichen, also der Unterbringung in einem Internat. Auch hier besteht natürlich ein enger Zusammenhang mit der Schule, die eine unterschiedliche Behandlung der Übertragbarkeit des Züchtigungsrechts

---

[211] *v. Campenhausen,* 1967, 73.
[212] *v. Campenhausen,* 1967, 78.
[213] So auch *v. Campenhausen,* 1967, 79.

durchaus problematisch erscheinen läßt. Immerhin aber ist nicht zu be-
streiten, daß die Internatsunterbringung im Gegensatz zur „normalen"
Schule über den rein schulischen Bereich hinaus das Erziehungsfeld der
Eltern berührt. Man wird daher schon eher geneigt sein, ihnen die Dis-
positionsbefugnis für diesen Ausschnitt ihres eigenen Erziehungsbe-
reichs einzuräumen. Nur ergeben sich auch hier Einschränkungen. Zwar
dürfte sich die Aufnahme in ein Internat, selbst wenn es einer öffentlichen Schule angegliedert ist, regelmäßig auf privatrechtlicher Basis
vollziehen. Angesichts der besonderen Struktur der Internate, namentlich wegen ihres unmittelbaren Zusammenhangs mit einer Schule, setzt
der Gleichheitsgrundsatz einer solchen Übertragbarkeit Grenzen. Eine
Aufspaltung in Schüler, die gezüchtigt werden dürfen und solche, bei
denen dies nicht der Fall ist, kann danach nicht hingenommen werden.
Derartige Überlegungen dürften freilich weitgehend theoretischer Natur
sein und bleiben. Denn gerade an den meisten Privatschulen — und dies
dürfte auch für die angeschlossenen Internate gelten — hatte man auf
eine körperliche Züchtigung aus pädagogischen Gründen längst verzichtet, als das Züchtigungsrecht an öffentlichen Schulen durchaus noch
im Schwange war.

V. Körperliche Züchtigung und Notwehr

Möglichkeiten und Grenzen der Notwehr des Lehrers wurden bislang zumeist nur am Rande der allgemeinen Diskussion um das Züchtigungsrecht berührt. In dem Augenblick, in dem das Züchtigungsrecht selbst zunehmend zurückgedrängt wird, gewinnt dieser Aspekt jedoch an praktischer Bedeutung. Dürig vermutet, daß die bisherige Vernachlässigung dieses Komplexes bewußt erfolgte: „Die Bejaher des Züchtigungsrechts stellen es gern so dar, als seien die Lehrer allen Angriffen, Beleidigungen, Rüpeleien, Prügeleien, Roheiten, Betrügereien usw., denen sie ausgesetzt oder derer sie ansichtig werden, völlig wehrlos ausgeliefert, falls man ihnen kein besonderes Züchtigungsrecht zugestehe. Die Gegner des Züchtigungsrechts verschweigen diese von § 53 StGB gerechtfertigte Fallgruppe, weil ihnen jegliches körperliches Züchtigen wider ihr (humanitäres oder pädagogisches) Konzept ist[214]." Denkbar ist freilich auch, daß sich angesichts des spezielleren, auf die schulischen Verhältnisse zugeschnittenen Eingriffsrechts einfach kein Bedürfnis ergab, auf allgemeinere Eingriffsbefugnisse zu rekurrieren. Es erstaunt nur, daß die Notwehrproblematik selbst heute, da das Züchtigungsrecht als eigenständiger Rechtfertigungsgrund immer mehr in Zweifel gezogen wird und in mehreren Bundesländern schon durch formelles Gesetz aufgehoben worden ist, nur en passant behandelt wird. Dies kann natürlich auch darauf zurückzuführen sein, daß man die Anwendung der Notwehrregelung für unproblematisch hält[215]. Wenn überhaupt in den einschlägigen Erlassen der Kultusminister auf Notwehr und Notstand Bezug genommen wird, erschöpft sich dies in dem Hinweis, daß Notwehr und Notstand von dem Verbot der körperlichen Züchtigung in Schulen unberührt bleiben[216]. Bedeutung und Tragweite derartiger Klauseln sind umstritten[217]. Im Grunde verbirgt sich hinter dieser un-

---

[214] *Maunz/Dürig/Herzog (Dürig)*, 1973, Art. 2 II Rdnr. 46.

[215] Symptomatisch insoweit Systematischer Kommentar (Horn), 1976, § 223, Rdnr. 12, der ohne weiteres davon ausgeht, daß dem Lehrer das „ungeschmälerte Notwehr-, Nothilfe- und Notstandsrecht" verbleibe.

[216] Vgl. für NRW den Runderlaß des Kultusministers v. 22. 6. 1971 (o. Fußn 100); für Schleswig-Holstein § 7 Abs. 2 der Lehrerdienstordnung (o. Fußn. 104).

[217] Schon jetzt sei freilich angemerkt, daß dieser Klausel m. E. keinerlei konstitutive Bedeutung zukommt. Für die u. a. von *Merten*, 1975, 15, propagierte These, die Klausel vermeide ein Auseinanderklaffen von Polizeirecht und Strafrecht und bewirke, daß eine strafrechtlich nicht verfolgbare Notwehrhandlung des Polizeibeamten auch nicht als Verletzung des Polizeirechts

scheinbaren Formel die grundsätzliche Streitfrage über die Reichweite der Notwehr im hoheitlichen Bereich. Sie markiert damit einen Brennpunkt der Rechtsfortentwicklung im Grenzbereich von öffentlichem Recht und Strafrecht.

Der pauschale Hinweis auf die sogenannten „Notrechte" (Blei) bedarf zunächst der Konkretisierung durch die Herausarbeitung typischer Sachverhaltskonstellationen. Nur vor dem Hintergrund solcher konkreter Konfliktfälle läßt sich der Anwendungsbereich des § 32 StGB einigermaßen faßlich darstellen. Die schlagwortartige Aneinanderreihung von Dürig „Angriffe, Beleidigungen, Rüpeleien, Prügeleien, Roheiten, Betrügereien" erscheint zur Charakterisierung von Notwehrsituationen zu undifferenziert. Derartige Schlagworte sind als Anknüpfungspunkte der Subsumtion des § 32 StGB zu vage. Während also auf der einen Seite die denkbaren Notwehrsituationen näher „ausgemalt" werden müssen, rührt die Subsumtion von Züchtigungshandlungen des Lehrers unter dem Aspekt der Notwehr auf der anderen Seite an den Streit um die Anwendbarkeit „privater Notrechte" bei Trägern hoheitlicher Gewalt. Diese Fragestellung, die — soweit erkennbar — erstmals im Zusammenhang mit der Klärung der Relevanz von Art. 2 Abs. 2 MRK für die Notwehrbestimmung aufgetaucht ist, hat im Zuge der Bekämpfung von Geiselnahmen an Aktualität gewonnen und bildet auch den juristischen Kristallisationspunkt der sog. Abhöraffäre. Auf den ersten Blick wirkt es geradezu grotesk, einen Zusammenhang zwischen der Ohrfeige des Lehrers einerseits und der Problematik des polizeilichen Schußwaffengebrauchs[218] oder gar der rechtlichen Zulässigkeit von Abhörmaßnahmen staatlicher Organe herstellen zu wollen[219]. Indes: Mögen auch Polizeieinsatz und Abhören von situativen Kontext her nichts mit der Schulstunde gemein haben, so sind sie doch auf der strukturellen Ebene miteinander verbunden. Der Lehrer ist schließlich Hoheitsträger und gerät damit — im Falle der Anwendung körperlicher Gewalt im Dienst — automatisch in den Bannkreis dieser grundsätzlichen Fragestellung.

Schon bei der Subsumtion typischer schulischer Sachverhaltskomplexe zeigen sich die Grenzen des pauschalen Verweises auf die Notwehrbestimmung. § 32 Abs. 2 StGB definiert Notwehr als die Verteidigung,

angesehen werde, gibt der Wortlaut dieses Vorbehalts nichts her. Anderer Ansicht allerdings *Lohse-van der Felden*, 1975, 581 f., wenn sie aus den „Notrechtsvorbehalten" auf die prinzipielle Geltung der „Notrechte" auch für Polizeibeamte schließen.

[218] Vgl. u. a. *v. Winterfeld*, 1972, 1881; *Krey-Meyer*, 1973, 1; *Rupprecht*, 1973, 263; ders., 1974, 781; *W. Lange*, 1974, 357; *Kinnen*, 1974, 681; *Schwabe*, 1974 a, 634; *R. Lange*, 1976, 546; *Seelmann*, 1977, 36, sowie die zum Musterentwurf eines einheitlichen Polizeigesetzes erstatteten Gutachten von *Bockelmann, R. Lange, Lerche, Merten* und *Schmidhäuser*.

[219] Dazu *Krauß*, 1977.

die erforderlich ist, um einen gegenwärtigen rechtswidrigen Angriff von sich oder einem anderen abzuwenden. Die Fälle, die nahtlos unter diese Bestimmung subsumierbar sind, dürfen in der Realität des Schulalltages eher die Ausnahme darstellen. Der tätliche Angriff eines oder mehrerer Schüler auf den Lehrer als Prototyp einer Notwehrsituation dürfte sich trotz manchen Wehklagens über wachsende Disziplinlosigkeit nur selten ereignen. Die üblichen Vorfälle, die immer wieder auch zur Diskussion über das Züchtigungsrecht Veranlassung geben, werfen aber im Hinblick auf § 32 StGB manche Zweifelsfrage auf.

Da gibt es einmal die Schlägereien unter den Schülern. Derartige Angriffe bedeuten sicher eine Gefahr für die einzelnen Schüler; insoweit ist der Lehrer durch seine Fürsorgepflicht zum Eingreifen geradezu aufgerufen. Unter dem Gesichtspunkt der Nothilfe ist der Lehrer in einer solchen Situation freilich nur zum Schutz der angegriffenen Individualrechtsgüter legitimiert. Solche Vorfälle tangieren außerdem regelmäßig die schulische Ordnung als solche. Zwar gelten grundsätzlich auch Rechtsgüter der Allgemeinheit als notwehrfähig[220]. Die Aufrechterhaltung einer gewissen Ordnung in der Schule mag weiter durchaus im allgemeinen Interesse liegen. Nothilfe ist aber nur zugunsten konkreter rechtlich anerkannter Interessen, also nicht zugunsten bloßer Allgemeininteressen zulässig[221]. Schulische Zucht und Ordnung können daher kaum als notwehrfähige Rechtsgüter gelten. Der Lehrer ist zwar durchaus dazu berufen, die Ordnung in der Klasse aufrechtzuerhalten, soweit dies für einen pädagogisch sinnvollen Unterricht vonnöten ist. Hierfür stellt ihm aber das Schulrecht einen Katalog schulischer Ordnungsmaßnahmen zur Verfügung. In Vielem wird er ohnehin auf sein pädagogisches Geschick angewiesen sein, da repressive Maßnahmen auf Dauer für den Lernprozeß in der Klasse kaum förderlich sein dürften.

Ähnlich ist die Situation bei Betrügereien im Sinne von Täuschungsversuchen bei Leistungskontrollen. Auch hier fehlt es schon an einem konkreten, notwehrfähigen Rechtsgut. Wieder anders sind Angriffe auf Rechtsgüter des Schulträgers durch randalierende Schüler zu beurteilen. In derartigen Fällen sind nicht bloße Allgemeininteressen, sondern individuelle Rechtsgüter der öffentlichen Hand betroffen. Rechtsgüter des Staates oder anderer juristischer Personen des öffentlichen Rechts sind durchaus notwehrfähig, soweit es sich um Individualrechtsgüter handelt[222].

---

[220] Anders insofern das österreichische Strafrecht, das Nothilfe zugunsten überindividueller Rechtsgüter nicht zuläßt; Einzelheiten bei *Maurach/Zipf*, 1977, 375.

[221] *Lackner*, 1977, § 32 Anm. 2 b.

[222] Allg. Meinung: vgl. z. B. *Jescheck*, 1972, 253; *Schönke/Schröder (Lenckner)*, 1976, § 32 Rdnr. 6.

Bleibt als typische Sachverhaltskonstellation noch das ungehörige, freche Verhalten der Schüler gegenüber dem Lehrer und untereinander. Die Ehre ist zwar im Prinzip durchaus notwehrfähig, auch wenn bei Gruppenprozessen, wie sie sich in der Schule abspielen, die Toleranzschwelle hoch anzusetzen sein dürfte. Bei einem ehrverletzenden Angriff durch Worte ist aber besonders sorgfältig zu überprüfen, ob eine tätliche Abwehr nach Art und Maß erforderlich ist[223]. Regelmäßig wird man sich auf eine Erwiderung mit Worten beschränken müssen; eine tätliche Abwehr dürfte nur in seltenen Ausnahmefällen gerechtfertigt sein.

Von den Fällen ausgesprochener Handgreiflichkeiten abgesehen wird eine Rechtfertigung durch Notwehr vielfach auch daran scheitern, daß der Angriff nicht mehr gegenwärtig ist[224]. Die Voraussetzungen einer Dauergefahr dürften kaum je gegeben sein. Aus den immer wiederkehrenden Rüpeleien und Frechheiten von Schülern dem Lehrer gegenüber darauf schließen zu wollen, daß dessen Ehre dauerhaft bedroht ist, erscheint jedenfalls gekünstelt. Die Erziehungspsychologie dürfte ohnehin wirksamere Methoden zur Steuerung solcher Prozesse anbieten[225].

Schon von der Phänomenologie denkbarer Notwehrkonstellationen her betrachtet reduziert sich daher der potentielle Anwendungsbereich des § 32 StGB auf Handgreiflichkeiten der Schüler untereinander und der Schüler gegenüber dem Lehrer sowie auf die Verteidigung von Sachgütern gegenüber Sachbeschädigungen. Aber auch in derartigen Situationen kann man dem Lehrer nicht ohne weiteres ein Eingriffsrecht qua Notwehr bzw. Nothilfe zubilligen. Seine Reaktion muß vielmehr am Maßstab der Erforderlichkeit gemessen werden. Bei der Beurteilung der Gegenwehr muß berücksichtigt werden, daß die Angriffe von Schülern, d. h. also von Kindern und Jugendlichen ausgehen. Das Recht der Notwehr endet aber dort, wo sich seine Ausübung als Rechtsmißbrauch darstellt. Unter diesem Oberbegriff pflegt man ausgesprochen heterogen gelagerte Fallgruppen zusammenzufassen, deren Gemeinsamkeit darin besteht, daß sie zwar vom Wortlaut, nicht aber vom Sinn der Bestimmung her unter § 32 StGB fallen[226]. Während man sich über das Erfordernis „sozialethischer"[227] Beschränkungen des Notwehrrechts weit-

---

[223] BGHSt 3, 217.

[224] Auch bei Handgreiflichkeiten stellt sich natürlich die Frage der Gegenwärtigkeit des Angriffs. Es sei nur daran erinnert, daß keine Notwehr oder Nothilfe möglich ist, wenn der Angreifer einmal zugeschlagen hat und weitere Schläge nicht mehr zu befürchten sind; vgl. auch *Preisendanz*, 1975, § 32 Anm. II 1 c.

[225] Vgl. hierzu auch die Hinweise oben S. 44.

[226] In diesem Sinne auch *Jescheck*, 1972, 256.

[227] *Arzt*, 1975, 77 ff., sieht diese Entwicklung nicht so sehr unter sozialethischen Aspekten, sondern wertet sie als ein Produkt der Konkurrenz zwi-

gehend einig ist[228], ist die Begründung hierfür unterschiedlich. Teils führt man diese Einschränkung auf die Gebotenheitsklausel des § 32 Abs. 1 StGB zurück[229], teils sieht man darin ein Problem der Erforderlichkeit[230], teils operiert man mit allgemeineren Kategorien wie Rechtsmißbrauch[231] oder verweist auf die der Notwehr zugrundeliegenden Strukturprinzipien[232]. Gerade bei Angriffen von Kindern wird die Berufung auf Notwehr nach diesen Grundsätzen versagt, wenn dem Angegriffenen ein Ausweichen gefahrlos möglich ist[233]. Damit schrumpft der Bereich, in dem § 32 StGB Körperverletzungen des Lehrers zu legitimieren vermag, zusätzlich[234]: In den Anfangsklassen der Grundschule werden sich selten Angriffe von solcher Tragweite ereignen, daß eine körperliche Mißhandlung zur Verteidigung erforderlich wäre. Anders liegen die Dinge möglicherweise in den weiterführenden Schulen. Insofern läßt sich eine gewisse Verkehrung der Fronten beobachten. Im grund- und hauptschulpflichtigen Alter, auf das sich die Diskussion um das Züchtigungsrecht weitgehend konzentriert, wird sich eine echte Notwehrkonstellation relativ selten ergeben. Eine Rechtfertigung durch

---

schen der Notwehr einerseits und der Verteidigung der Rechtsordnung durch den Staat andererseits. Von daher wagt er die Prognose, daß die Zukunft der drastischen Begrenzung erlaubter Selbsthilfe und nicht etwa einer Ausweitung der Notwehrregelung gehöre. Er macht freilich auch auf die Rückschlaggefahren aufmerksam für den Fall, daß sich die staatliche Rechtsdurchsetzung als ineffizient erweisen sollte (Bürgerwehr, Selbstjustiz!).

[228] Bedenken im Hinblick auf Art. 103 Abs. 2 GG eigentlich nur bei *Kratzsch*, 1971, 75 ff.

[229] So offenbar *Lackner*, 1977, § 32 Anm. 3 a.

[230] Z. B. BGHSt 5, 248; *Schönke/Schröder* (*Lenckner*) 1976, § 32 Rdnr. 44; *Maurach/Zipf*, 1977, S. 383.

[231] Etwa *Preisendanz*, 1975, § 32 Anm. II 6.

[232] Vgl. *Roxin*, 1973, 28.

[233] Allg. Meinung; vgl. etwa *Jescheck*, 1972, 257; *Lackner*, 1977, § 32 Anm. 3 a; *Dreher*, 1977, § 32 Rdnr. 19; Systematischer Kommentar (Samson), 1975, § 32 Rdnr. 21, *Maurach/Zipf*, 1977, 385. Speziell diese Einschränkung der Notwehr gehört seit langem zum praktisch unangefochtenen Allgemeingut. Nur die Bandbreite, binnen derer man dem Angegriffenen ein Ausweichen zugemutet hat, ist von Epoche zu Epoche unterschiedlich beurteilt worden. Dies steht in einer gewissen Wechselwirkung mit dem jeweiligen Ehrbegriff der Zeit. Zur rechtsgeschichtlichen Entwicklung *Jung*, 1973, 72. In unseren Tagen wird ein Ausweichen unter solchen Umständen nicht als „schimpflich" angesehen. Es muß allgemein daran erinnert werden, daß historisch gesehen das „uneingeschränkte" Notwehrrecht ohnehin nur für eine verhältnismäßig kurze Periode deutscher Rechtsentwicklung Geltung besessen hat. Mehr dazu bei *Schroeder*, 1972, 127; *Arzt*, 1975, 77 ff.

[234] *Dreher*, 1977, § 32 Rdnr. 19, beruft sich speziell für Lehrer auf die Einschränkung des Notwehrrechts gegenüber Kindern. Die Entscheidung RGSt 27, 44, auf die er sich bezieht, betrifft freilich einen anders gelagerten Fall. Dort wurde nämlich die generelle Zulässigkeit der Notwehr gegen den Angriff eines geisteskranken Pfleglings gerade bestätigt und nur beiläufig und ohne speziellen Bezug auf die Geisteskrankheit festgestellt, daß im konkreten Fall das Maß der Verteidigung überschritten worden sei.

Notwehr und Nothilfe kommt eher bei älteren Schülern in Betracht, einem Personenkreis also, demgegenüber selbst prinzipielle Verfechter ein Züchtigungsrecht verneinen.

Der Hinweis auf Notwehr und Notstand als eine Art „Auffanglinie" für das Züchtigungsrecht erweist sich demnach als zu pauschal. Notwehr und Notstand können schon wegen des pädagogischen Bezugs des Züchtigungsrechts nicht ohne weiteres „nachrücken". Schält man aus der Vielfalt denkbarer Vorfälle einige typische Sachverhaltskonstellationen heraus, so zeigt sich überdies, daß es vielfach an den tatbestandlichen Voraussetzungen des § 32 StGB fehlt, so daß schon von daher gegenüber einer Rechtfertigung körperlicher Mißhandlungen durch Notwehr Zurückhaltung angebracht ist.

Zurückhaltung erscheint noch aus anderen Gründen geboten. Der Lehrer steht den Schülern schließlich nicht als Privatmann, sondern als Träger hoheitlicher Gewalt gegenüber. Sein Erziehungsauftrag beruht regelmäßig nicht auf privater Vereinbarung, sondern bestimmt sich nach den Grundsätzen des öffentlichen Schulrechts[235]. Unabhängig davon, daß die generelle Zielsetzung der Schule auf eine Leistung, nämlich auf die Vermittlung von Bildungsgütern und Techniken zur Lebensbewältigung ausgerichtet ist, stellt sich die körperliche Mißhandlung durch den Lehrer als hoheitlicher Eingriff in die Rechte des Schülers dar. Bei der Anwendung hoheitlicher Zwangsmittel müssen aber öffentlich-rechtliche, namentlich verfassungsrechtliche Grundsätze beachtet werden. So gesehen erweist sich die Rechtfertigung körperlicher Gewaltanwendung durch den Lehrer unter dem Aspekt der Notwehr und Nothilfe als durchaus problematisch.

Die Konkurrenz der für jedermann geltenden Bestimmungen über Notwehr und Nothilfe mit den die Ermächtigungsgrundlage für staatliches Handeln abgebenden besonderen öffentlich-rechtlichen Vorschriften und Grundsätzen hat sich seit jenen aufsehenerregenden Geiselnahmen der letzten Jahre immer mehr zu einer der Hauptstreitfragen im Rahmen des § 32 StGB entwickelt. Von dieser Auseinandersetzung werden aber über den durch den Polizeieinsatz gesteckten Rahmen hinaus auch solche Hoheitsträger erfaßt, die von ihrem Berufsbild her mit der Anwendung von Zwang normalerweise nichts oder vergleichsweise wenig zu tun haben.

Die Fragestellung ist von gleich großer dogmatischer wie praktischer Relevanz, geht es doch einerseits um die Aufhellung der Zusammenhänge zwischen öffentlichem Recht und Strafrecht, andererseits aber

---

[235] Dies gilt nach meinem Dafürhalten im Prinzip auch für Privatschulen, da Privatschulen ungeachtet der rechtlichen Struktur des Privatschulverhältnisses im einzelnen eine öffentliche Aufgabe erfüllen. Näher dazu unter IV.

auch um die Herausarbeitung konkreter Handlungsweisungen für staatliche Bedienstete. Die Heftigkeit der wissenschaftlichen Kontroverse, in deren Mittelpunkt vor allem der „Todesschuß" der Polizei steht, entspricht der grundsätzlichen Dimension dieser Streitfrage. Der Rückgriff auf die „Notrechte" des Straf- und Zivilrechts soll rechtfertigen, was die Gesetze über die Anwendbarkeit des unmittelbaren Zwanges verbieten. Vor allem der Gebrauch der Schußwaffe ist danach nur beschränkt zulässig und kommt z. B. nicht in Betracht, wenn dadurch erkennbar Unbeteiligte mit hoher Wahrscheinlichkeit gefährdet würden[236].

Die Anwendbarkeit der strafrechtlichen und zivilrechtlichen Notrechte, die derartige Einschränkungen nicht kennen, wird vor allem darauf gestützt, daß es sich um ungleiche Materien handele und niemand dem Polizeibeamten das in den „Notrechten" konkretisierte „natürliche" Selbstverteidigungsrecht nehmen könne. Dies gelte auch für die der Notwehr gleichgestellte Nothilfe; denn dem Polizeibeamten dürfe nicht verwehrt werden, was jedem Privatmann unter den Voraussetzungen des § 32 StGB im Wege der Nothilfe erlaubt sei[237]. Gleichgültig sei, ob der Beamte als Privatmann oder während der Ausübung dienstlicher Funktionen in die Notwehr- oder Nothilfesituation gerate. Gerade bei der Wahrnehmung hoheitlicher Aufgaben bedürfe er im Hinblick auf die Unzulänglichkeit der geltenden polizeilichen Schußwaffenbestimmungen des von Beschränkungen staatlicher Gewalt unabhängigen und damit umfassenderen Schutzes der privaten „Notrechte[238]".

Auf einen einfachen Nenner gebracht heißt das, daß derjenige, der hoheitliche Aufgaben erfüllt, insoweit nicht schlechter stehen dürfe als jeder „normale" Bürger. Die Begründungen hierfür sind ausgesprochen formelhaft[239], soweit nicht ohnehin vom Ergebnis her argumentiert

---

[236] Vgl. die Zusammenfassung der Divergenzen polizeilicher Zwangsbefugnisse zu den „Notrechten" bei *Rupprecht*, 1973, 264. Nach § 41 Abs. 2 Satz 2 des Musterentwurfs eines einheitlichen Polizeigesetzes wird „ein gezielter tödlicher Schuß" zugelassen, wenn er das einzige Mittel zur Abwendung einer gegenwärtigen Gefahr für Leben oder einer schwerwiegenden Verletzung der körperlichen Unversehrtheit ist. Damit bleibt die Regelung nach wie vor insoweit hinter dem Schutzbereich des § 32 StGB zurück, als ein gezielter Schuß zum Schutze anderer Rechtsgüter (z. B. Freiheit, Sachgüter) nicht zugelassen wird (vgl. auch S. 77 f. der Begründung zum Musterentwurf eines einheitlichen Polizeigesetzes). *R. Lange*, 1976, geht freilich davon aus, daß das scheinbar weitergehende strafrechtliche Nothilferecht durch das Erfordernis des Gebotenseins de facto und de iure in die gleichen Grenzen verwiesen werde, wie sie § 41 Abs. 2 des Musterentwurfs für den Polizeibeamten ziehe.

[237] *Schönke/Schröder (Lenckner)*, 1976, § 32 Rdnr. 42.

[238] *Rupprecht*, 1974, 791 f.; ähnlich schon *ders.*, 1973, 264.

[239] Vgl. etwa *Bockelmann*, 1969, 467: „... ein Akt der Nothilfe wird nicht dadurch zu einem obrigkeitlichen Eingriff in die Menschenrechte und Grund-

wird[240]. Die Divergenzen zwischen dem öffentlichen Recht und dem Strafrecht werden mit dem Hinweis auf die unterschiedlichen Ebenen der Betrachtung[241] und die Doppelstellung des Polizisten als Hoheitsträger und Privatmann gerechtfertigt[242].

Gegen ein derartiges Trennungsdenken hat sich freilich bereits Blei mit der Begründung gewandt, daß es nicht angehe, dem Polizisten überall da, wo seine Befugnisse durch die Vorschriften des Polizeirechts begrenzt sind, zu gestatten, „durch eine bloße Mentalreservation gleichsam die Uniform auszuziehen und dann als ,Privatmann' das zu tun, was zu tun ihm als Polizeibeamter versagt ist[243]". Die bundesrechtlichen „Notrechte" seien auf einzelne zugeschnitten, die einander auf dem Boden der Gleichordnung begegneten. Polizeibeamte im Dienste seien aber nicht solche einzelne, sondern Repräsentanten des Staates bei der Erfüllung seiner Aufgaben. Zu einer Erklärung, wonach die bundesrechtlichen „Notrechte" auch in diesem Bereich Anwendung fänden, sei der Bundesgesetzgeber überhaupt nicht befugt[244]. V. Winterfeld steht einer Anwendbarkeit der „Notrechte" im polizeilichen Bereich gleichfalls kritisch gegenüber[245]. Auch Müller-Dietz bezweifelt, ob das Notwehrrecht als Ausfluß des Selbsthilferechts, das anstelle nicht zu erlangender staatlicher Hilfe den Schutz bedrohter Rechtsgüter ermöglichen solle, im Rahmen hoheitlicher Tätigkeit überhaupt ausgeübt werden darf[246]. Krey/Meyer sehen darin eine Umgehung der aus rechtsstaatlichen Gründen geschaffenen Beschränkungen des polizeilichen Einsatzes[247].

---

freiheit des Angreifers, daß der Helfer Beamter und zur Hilfeleistung nicht nur nach § 53 berechtigt, sondern kraft Amtes verpflichtet ist." Oder neuerdings in seinem Gutachten zu § 41 Abs. 2 und § 44 des Musterentwurfs eines einheitlichen Polizeigesetzes, 1975 b, 9: „Der Vollzugsbeamte ist doch ebenso Rechtsgenosse und Bürger (wenn auch „in Uniform") wie jeder andere Mensch, so daß nicht einzusehen ist, warum er nicht soll tun dürfen, was jedermann tun darf, sich gegen rechtswidrige, gegenwärtige Angriffe zu wehren."

[240] So bei *Schwabe*, 1974 a, 638: „Daß in einer Notlage die Polizei von Rechts wegen hilflos ist und erst das Eingreifen von Privatleuten mit weiterreichenden Befugnissen Abhilfe schafft, wäre ein absurdes Ergebnis."

[241] So vor allem *W. Lange*, 1974, 357 f.

[242] *Kinnen*, 1974, 634.

[243] *Blei*, 1955, 627; ebenso *Krey/Meyer*, 1973, 5.

[244] *Blei*, 1955, 630.

[245] *v. Winterfeld*, 1972, 1882: „Die Verweisung legitim ausgeübter, aus der Staatsidee abgeleiteter Staatsgewalt in die Individualsphäre des materiellen Strafrechtes erscheint eine mühselige, staatsrechtlich, erkenntnistheoretisch und rechtsphilosophisch fehlsame Hilfskonstruktion, eine Verkennung der Ordnungsfunktion des Staates, in der die Gesamtheit der Staatsbürger dem Rechtsbrecher entgegentritt."

[246] *Müller-Dietz*, 1973, 131.

[247] *Krey/Meyer*, 1973, 4; vgl. auch *Schroeder*, 1972, 138, und neuerdings — mit Bezug auf § 34 StGB anläßlich der Beurteilung der Legitimität von Abhörmaßnahmen — *Krauß*, 1977, 5.

Seelmann verweist den Hoheitsträger als Nothelfer ex professu bei seiner gesamten Tätigkeit auf die Grenzen, die der Grundsatz der Verhältnismäßigkeit zieht. § 32 StGB verleihe dem Polizisten auch dann keine darüber hinausgehenden Befugnisse, wenn er sich im Einsatz selbst verteidigen müsse[248]. Die dadurch bedingte „Schlechterstellung" des Polizeibeamten sieht er kompensiert durch die Gefahrtragungspflicht des Polizeibeamten einerseits und durch die grundsätzliche Übermacht des Hoheitsträgers andererseits. Auch das Recht des Polizisten auf Selbstbestimmung rechtfertige keine Erweiterung der Befugnisse des Polizeibeamten; denn er sei gerade dazu berufen, durch seinen Einsatz die Rechtsordnung zu verteidigen. Ein Angriff ziele damit nicht auf die persönliche Selbstbestimmung des Beamten, sondern auf die Autorität des Staates[249].

Die dogmatische Streitfrage wird überlagert durch ein verbreitetes Gefühl des Unbehagens ob der Ineffizienz polizeilicher Möglichkeiten bei der Bekämpfung bestimmter Formen von Kriminalität. Zumindest unterschwellig dürfte dieser Gesichtspunkt mitspielen, wenn für eine Anreicherung der polizeilichen Befugnisse um die „Notrechte" plädiert wird[250]. Symptomatisch für diese Vermischung rechtspolitischer Überlegungen mit der Exegese des derzeitigen Rechtszustandes ist die immer wiederkehrende Erklärung, der Polizist dürfe nicht schlechter stehen als der „normale" Bürger. Dabei zeigt schon die Zumutbarkeitsklausel des § 35 Abs. 1 Satz 2 StGB, die die Berufung auf entschuldigenden Notstand bei einer besonderen Gefahrtragungspflicht einschränkt[251], daß eine solche Gleichbehandlung innerstrafrechtlich gesehen durchaus nicht zwingend ist[252].

In der Auseinandersetzung ist namentlich von Bockelmann darauf verwiesen worden, daß das Nebeneinander von „Notrechten", die jedermann zustehen, und besonderen Amtsrechten doch jahrzehntelang als unproblematisch angesehen worden sei[253]. Die Problematisierung mußte aber zwangsläufig erfolgen. Zum einen haben jene aufsehenerregenden Fälle von Geiselnahme den Blick für die Divergenzen zwischen den „Notrechten" und den polizeilichen Befugnissen, die ansonsten nur selten zu Tage getreten sind[254], geschärft. Zum anderen muß diese Entwick-

---

[248] *Seelmann*, 1977, 56.
[249] *Seelmann*, 1977, 54.
[250] Auch *Lerche* bemängelt in seinem Gutachten, 1975, 7, diese ständige Verquickung.
[251] Einzelheiten bei *Stree*, 1975, 59.
[252] Auf diesen Gesichtspunkt machen *Amelung/Schall*, 1975, 570, aufmerksam.
[253] *Bockelmann*, 1975 b, 2.
[254] Problematisiert wurde das Verhältnis der strafrechtlichen zu den polizeirechtlichen Eingriffsbefugnissen noch am Beispiel des § 127 Abs. 1 StPO durch *Hoffmann* (-Riem), 1967, 754.

lung im Zusammenhang mit dem nach wie vor in vollem Gange befind-
lichen Prozeß der Aufarbeitung der verfassungsrechtlichen Anforderungen an die Anwendung „einfachen" Rechts gesehen werden. Deswegen
sind ältere Rechtsprechung und Literatur nur begrenzt verwertbar. Die
fortschreitende Aktualisierung der Verfassung, namentlich der
Grundrechte und des Rechtsstaatsgebotes, setzt für die gesamte Diskussion einen neuen, früher nicht oder jedenfalls nicht in dem Maße be-
achteten Akzent. Insofern bewegen wir uns auf wenig gesichertem
Boden im Grenzbereich zwischen Strafrecht und öffentlichem Recht.

Im Grunde verbirgt sich hinter der formelhaften Wendung, daß ein
Polizist nicht schlechter gestellt werden dürfe als ein „normaler" Bürger
natürlich ein kompetenzrechtliches Argument. Denn damit wird letztlich
behauptet, von der Notwehrregelung würden unter dem Aspekt strafrechtlicher Würdigung alle Menschen und damit auch der Polizist
gleichmäßig erfaßt. Sicher gehört die Bewertung einer Notwehrsituation
zum strafrechtlichen Kompetenzbereich. Unter dem Aspekt der Ver-
leihung einer Eingriffsbefugnis durch den Rechtfertigungsgrund erscheint freilich eine differenzierende Betrachtung angebracht, je nachdem, ob hoheitliches Handeln vorliegt oder nicht. In diesem Sinne
kommt es entscheidend darauf an, ob ein Handeln des Polizeibeamten
in einer Notwehr- bzw. Nothilfesituation als Ausfluß hoheitlichen Vor-
gehens zu werten ist oder nicht[255]. Die Antwort darauf darf sich nicht
danach bestimmen, ob es sinnvoll und rechtspolitisch wünschenswert
ist, dem Polizisten die weitreichenden Eingriffsbefugnisse der Notrechte
zu gewähren, sondern richtet sich allein nach der Zuordnung seiner
Tätigkeit. Entscheidend ist also, ob das Verhalten des Polizeibeamten
dem hoheitlich handelnden Staat zuzurechnen ist oder nicht.

Für die Abgrenzung ist daher maßgebend, ob der Beamte in Erfüllung hoheitlicher Aufgaben handelt. Für den Polizisten ist also darauf
abzustellen, ob er im Rahmen seines polizeilichen Auftrags handelt oder
ob er davon unabhängig als Person angegriffen wird. Dies bestimmt
sich nach den Umständen des Einzelfalles und kann jedenfalls nicht von
der Mentalreservation des Polizisten abhängig gemacht werden[256]. Dabei
entspricht die Nothilfe geradezu einer der Hauptfunktionen der Polizei-
gewalt als Hoheitserscheinung[257]. Aber auch das Verteidigungsverhalten
des im Rahmen der Erfüllung polizeilicher Aufgaben angegriffenen
Polizisten ist hoheitliche Tätigkeit. Denn derartige Gefahrensituationen
stehen in einem derart unmittelbaren Zusammenhang mit der Erfüllung
der hoheitlichen Aufgaben, daß sie davon nicht gelöst werden können,

---

[255] *Lerche*, 1975, 5.

[256] *Lerche*, 1975, 18, stellt auf den inneren Zusammenhang mit der dienst-
lichen Funktion ab.

[257] In diesem Sinne auch *Lerche*, 1975, 8.

zumal vielfach Notwehr- und Nothilfesituationen ineinander übergehen[258].

Von dieser Prämisse ausgehend kann dem Hoheitsträger die Berufung auf Notwehr freilich nicht gänzlich versagt werden. Die strafrechtliche Regelung muß nur, soweit sie Eingriffsbefugnisse gewährt[259],
im Falle hoheitlichen Handelns an der Verfassung gemessen werden.
Schwabe meint freilich, das Notwehrrecht könne, da es auf einem Bundesgesetz beruhe, nicht polizeikonform eingeschränkt werden[260]. Was bei
Schwabe rein kompetenzrechtlich begründet wird, ergibt sich für
Schmidhäuser aus der „eigenen Aufgabe des allgemeinen Strafrechts",
die es nicht zulasse, daß die Verletzung von Dienstrecht (schon) zur
Strafbarkeit führe[261]. Beide übersehen jedoch, daß ein Träger hoheitlicher Gewalt sich schon nach bundesrechtlichen Grundsätzen nur eingeschränkt auf § 32 StGB berufen kann. Insofern wird § 32 StGB pri-
mär nicht polizeikonform, sondern verfassungskonform eingeschränkt.
Aus dem Rechtsstaatsprinzip folgt nämlich, daß die Träger hoheitlicher
Gewalt dem Grundsatz der Verhältnismäßigkeit verpflichtet sind. Aus
dieser Bindung kann man den Polizisten nicht mit dem Hinweis darauf
befreien, Notwehr gelte für jedermann. § 32 StGB muß nämlich noch
lange nicht für jedermann in gleichem Umfang gelten[262]. Dem Hoheitsträger wird damit nicht das Notwehrrecht als solches abgesprochen, sondern er muß bei dessen Ausübung die ihm vom Verfassungsrecht gesetzten Schranken berücksichtigen[263].

---

[258] Ebenso *Lerche*, 1975, 16.

[259] Insofern liegt hier die herrschende Vorstellung zugrunde, daß Rechtfertigungsgründe als Eingriffsbefugnis verstanden werden müssen, jeder
Rechtfertigungsgrund dem Täter also ein Recht zu seinem tatbestandlichen
Handeln gewährt; vgl. etwa *Maurach/Zipf*, 1977, 358 f. Die z. T. vertretene
Auffassung, der Rechtfertigungsgrund schränke (nur) im Einzelfall den Geltungsbereich staatlicher Strafnormen ein, verwischt die Trennungslinie zwischen Rechtfertigungs- und Schuldausschließungsgründen.

[260] *Schwabe*, 1974 a, 636; ebenso *Schönke/Schröder* (*Lenckner*), 1976, § 32
Rdnr. 42.

[261] *Schmidhäuser*, 1975 b, 12. Interessanterweise beruft sich *Schmidhäuser*
auf die Rechtslage beim Züchtigungsrecht des Lehrers. Nur wird beim Züchtigungsrecht entscheidend darauf abgestellt, daß über den Bereich des Strafbaren nicht durch bloße *Verwaltungsvorschrift* disponiert werden kann.

[262] Selbst *Bockelmann*, 1975 b, 12, räumt ein, daß die dienstliche Stellung
des Vollzugsbeamten Einfluß auf seine Notwehrbefugnisse habe.

[263] So i. Erg. *Seelmann*, 1977, 51 f. Erstaunlich ist eigentlich, daß *Schwabe*
diesen Aspekt nicht weiter verfolgt, obwohl er selbst eine sehr weitgehende
Einbeziehung des Verfassungsrechts in die Notwehrregelung fordert und
an sich — dies zeigen die von ihm herangezogenen Fallbeispiele — von der
prinzipiellen verfassungsrechtlichen Einschränkung des Notwehr bei Amts-
trägern ausgeht. Die von *Schwabe*, 1974 b, 670 ff. und *Schroeder*, 1972, 139,
verfochtene „totale", d. h. auch auf den ‚normalen' Bürger bezogene Einbeziehung des Grundsatzes der Verhältnismäßigkeit muß als Ausdruck verbrei-

Die Schußwaffenbestimmungen der Länder sind ihrerseits am Grundsatz der Verhältnismäßigkeit von Mittel und Zweck orientiert. Die Anwendung dieses verfassungsrechtlichen Grundsatzes kann bei an sich gleichbleibendem Sachverhalt im Prinzip aber nicht zu unterschiedlichen Ergebnissen im Strafrecht und im Polizeirecht führen. Derartige Divergenzen lassen sich auch nicht damit begründen, daß es sich eben um zwei verschiedene Rechtsmaterien handelt[264], da unter dem Aspekt „Eingriffsbefugnis eines Hoheitsträgers" insoweit eine einheitliche Beurteilung gefordert ist. In dem Augenblick, in dem man als Ausgangspunkt die Geltung des Grundsatzes der Verhältnismäßigkeit bei einer Notwehr bzw. Nothilfe durch Amtsträger akzeptiert, richtet sich der Beurteilungsmaßstab nach den Besonderheiten des jeweiligen Hoheitsbereichs. Andernfalls liefe der Grundsatz der Verhältnismäßigkeit bei § 32 StGB weitgehend leer oder würde bestenfalls zum Anknüpfungspunkt einer gewissen Erweiterung des Rechtsmißbrauchsbereich genommen. Der Grundsatz der Verhältnismäßigkeit als „verfassungsrechtliche Leerformel" gewinnt erst Gestalt, wenn man ihn mit der konkreten Materie konfrontiert. Insofern konkretisieren die Vorschriften über den unmittelbaren Zwang den Grundsatz der Verhältnismäßigkeit auch im Hinblick auf § 32 StGB[265].

Die rechtliche Konstruktion sieht zunächst etwas merkwürdig aus: eine bundesrechtliche Regelung, deren Anwendungsbereich durch Landesregelungen konkretisiert wird. Dies ist jedoch nur die Konsequenz aus der Tatsache, daß der Grundsatz der Verhältnismäßigkeit als öffentlich-rechtliches Prinzip im Strafrecht jedenfalls bei Eingriffsbefugnissen von Hoheitsträgern „durchschlägt" und seinerseits der Konkretisierung in dem jeweiligen öffentlich-rechtlichen Handlungsfeld bedarf. Im Ergebnis bestimmt sich daher der Bereich gerechtfertigter Eingriffe durch den Polizisten nach den Grundsätzen über die Anwendung unmittelbaren Zwangs, nur nicht in dem Sinne, daß das Notwehrrecht polizeikonform eingeschränkt würde, sondern in der Form, daß der bundesrechtliche Grundsatz der Verhältnismäßigkeit durch die entsprechenden landesrechtlichen Regelungen konkretisiert wird. Ein Kompetenzproblem im eigentliche Sinne taucht damit nicht auf, weil der Maßstab der Einschränkung durch das Bundesrecht vorgegeben ist.

---

teter Zweifel gewertet werden, ob ein „schneidiges" Notwehrrecht mit dem Wertsystem des GG übereinstimmt; vgl. zur Komplexietät des gesamten Fragenbereichs auch *Arzt*, 1975.

[264] So die Überlegungen von *W. Lange*, 1974, 358, der das Notwehrrecht für Polizeibeamte und die besonderen polizeirechtlichen Eingriffsbefugnisse verschiedenen Ebenen zuordnet, ähnlich *Merten* in seinem Gutachten (namentlich S. 41) und wohl auch *Schmidhäuser*, 1975 b, 12.

[265] Ähnlich *Seelmann*, 1977, 52, wenn er den Vorschriften rein deklaratorische Bedeutung beimißt.

Manchem mag die hier vorgeschlagene verfassungskonforme Restriktion von Rechtfertigungsgründen bei hoheitlichem Handeln als „Um-
weg" erscheinen[266]. Dem Staat und seinen handelnden Organen die Berufung auf die strafrechtlichen Rechtfertigungsgründe prinzipiell zu ver-
sagen, bedeutete indessen eine unzulässige Verabsolutierung der Per-
spektive des polizeilichen Einsatzes. Dadurch blieben viele Hoheitsträger schutzlos. Denn das „Amtsrecht" regelt Zwangsbefugnisse nur
für bestimmte Amtsträger, nämlich für jene, bei denen der Einsatz von
Gewalt in bestimmten Situationen zur Berufsrolle gehört. Der strukturellen Differenz zwischen dem Bürger und dem Hoheitsträger wird im
übrigen auch durch die modifizierte Anwendung der strafrechtlichen
Rechtfertigungsgründe Rechnung getragen.

Die Einschränkung des Notwehrrechts, die hier für den Vollzugsbeamten entwickelt worden ist, gilt allgemein für Träger hoheitlicher
Gewalt und damit auch für den Lehrer. Auf den Lehrer finden jedoch
die landesrechtlichen Bestimmungen über die Anwendung des unmittelbaren Zwangs keine Anwendung. Denn Lehrer sind keine Vollzugsbeamte im Sinne dieser Regelungen[267]. Eine Konkretisierung des Grundsatzes der Verhältnismäßigkeit muß vielmehr mit Blick auf die schulische Situation und deren Besonderheiten erfolgen. Das Züchtigungsrecht kommt wegen seiner zum Teil anders gelagerten Intentionen als
Maßstab nicht in Betracht. Nichts anderes gilt für die zugelassenen
Ordnungsmaßnahmen und Schulstrafen. Ihrer Natur nach sind sie nämlich nicht zur unmittelbaren Reaktion auf einen Angriff, sondern zur
Prävention bestimmt. Immerhin spiegeln die Kataloge schulischer Ordnungsmaßnahmen wie auch die Zurückdrängung des Züchtigungsrechts
die allgemeine Tendenz, Störungen des Unterrichts möglichst „gewalt-
frei" zu begegnen. Es kommt darin m. a. W. eine gewisse pädagogische
Zurückhaltung zum Ausdruck, die bei der Konkretisierung des Grundsatzes der Verhältnismäßigkeit berücksichtigt werden muß. Vor allem

---

[266] Die hier vertretene verfassungskonforme Restriktion bei hoheitlichem
Handeln gilt natürlich grundsätzlich auch für die anderen Rechtfertigungsgründe. Den Konsequenzen im einzelnen kann an dieser Stelle jedoch nicht
nachgegangen werden. Für den im Zusammenhang mit Abhörmaßnahmen
bemühten rechtfertigenden Notstand (§ 34 StGB) kommt die besondere Bindung von Hoheitsträgern aber schon in der Vorschrift selbst zum Ausdruck.
Die Angemessenheitsformel des § 34 Satz 2 StGB, nach der „Sonderpflichten"
des Hoheitsträgers bei der Abwägung Berücksichtigung finden sollen, sta-
tuiert den Vorrang öffentlich-rechtlicher Sonderbindungen vor allgemeinen
Eingriffsbefugnissen; so vor allem *Amelung/Schall*, 1975, 570. Durchaus auf
der gleichen Linie liegt es, wenn der Systematische Kommentar (Samson),
1975, § 34 Rdnr. 22, dem Privatmann die Berufung auf § 34 StGB in den Fällen verwehrt, in denen für die Abwendung von Rechtsgutsgefahren rechtlich
geordnete Verfahren zur Verfügung stehen.

[267] Die Vollzugsbeamten sind in diesen Gesetzen enumerativ aufgezählt;
vgl. z. B. § 6 UZwG-Bund und § 3 UZwG-NRW.

im Bereich der „Unfugabwehr" wird daher der Einsatz körperlicher Gewalt regelmäßig nicht angebracht sein. Andererseits wäre manche der Einschränkungen, die für den besser ausgerüsteten und auf Gewaltanwendung vorbereiteten Vollzugsbeamten gelten, beim Lehrer deplaziert. Während beim Vollzugsbeamten gerade die Gefahr des Mißbrauchs staatlicher Machtmittel eine exakte Handlungsanweisung erforderlich macht, lassen sich die Grenzlinien der Notwehr in der komplexen Institution „Schule" kaum schematisch fixieren. Mahnt das pädagogische Klima eher zur Zurückhaltung, so könnte — jedenfalls unter dem Aspekt der Nothilfe — die Fürsorgepflicht gerade ein schnelles Eingreifen erforderlich machen. Eine gezielte pädagogische Maßnahme käme in derartigen Fällen zu spät. Sie kann durchweg erst eingesetzt werden, wenn die Gefahr vorüber ist und eignet sich von daher nicht zur unmittelbaren Gefahrenabwehr. Nur dürfte die pädagogische Atmosphäre unter Umständen zu einer Art Selbstbindung der Entscheidungsträger in dem Sinne führen, daß eine Inflationierung körperlicher Gewaltanwendung den pädagogischen Spielraum erheblich verengt. Abgesehen von einer gewissen Anhebung der Reaktionsschwelle bei der „Unfugabwehr" wird sich der Grundsatz der Verhältnismäßigkeit für den Lehrer im Ergebnis vor allem dahin auswirken, daß der Einsatz von körperlicher Gewalt zur Abwehr von Angriffen auf Sachgüter wenn überhaupt, dann nur beschränkt zulässig erscheint. Im Vergleich zum Vollzugsbeamten unterscheiden sich seine Notwehrbefugnisse daher nicht so sehr von denen des „normalen" Bürgers. Entsprechendes dürfte auch für andere Amtsträger, die nicht Nothelfer ex professu sind, gelten, da gerade die Nähe zur Gewaltanwendung jene Einschränkungen beim Vollzugsbeamten bedingt.

VI. Schlußbetrachtung

Das Züchtigungsrecht des Lehrers bewegt Pädagogen und Juristen seit Generationen. Es ist nur natürlich, daß der Tenor von Epoche zu Epoche variiert, die Akzente unterschiedlich gesetzt werden. Immerhin läßt sich, wenn man die schulische Züchtigung in einem umfassenden erzieherischen Kontext sieht, eine Linie allmählicher, aber steter Zurückdrängung des Einsatzes körperlicher Zuchtmittel zeichnen. An diesem Prozeß hat auch der schulische Bereich partizipiert. Während zu Beginn dieses Jahrhunderts die körperliche Züchtigung noch als „selbstverständliches Attribut" der Erziehungsaufgabe deklariert werden konnte, überwiegen heute die Zweifel am Sinn körperlicher Züchtigung.

Wer sich von dieser Untersuchung eine abschließende Stellungnahme zum pädagogischen Wert oder Unwert körperlicher Züchtigung erhofft hat, muß freilich enttäuscht werden. Dies war weder beabsichtigt, noch läßt sich auf Grund des vorliegenden Materials Abschließendes hierzu sagen. Im Lichte verbreiteter Zweifel an der pädagogischen Eignung erscheint das Züchtigungsrecht des Lehrers aber als eine ausgesprochen schillernde Rechtsfigur. Den Strafrechtsdogmatiker reizt jedoch weniger die Übergangssituation als solche, als vielmehr das Geflecht grundsätzlicher Fragestellungen, das dadurch zu Tage gefördert wird. Bei der Betrachtung eines gewohnheitsrechtlichen Rechtfertigungsgrundes mit öffentlich-rechtlichen Wurzeln bewegt man sich in einem mehrdimensionalen Bezugsfeld, in dem erst einmal ein Weg gebahnt werden muß.

Gerade der Bereich der Rechtfertigungsgründe ist ein „Dunkelfeld" der Systematik, in dem es noch weitgehend an Orientierungsmarken fehlt. Eine Studie über das Züchtigungsrecht des Lehrers muß in diesem weiteren systematischen Rahmen gesehen werden. Sie kann und will diesen Rahmen freilich nicht vollständig ausfüllen. Überlegungen, die über die konkrete Themenstellung hinaus von allgemeiner Bedeutung sind, können angesichts des Diskussionsstandes kaum mehr als Denkanstöße vermitteln. Mögen sie in manchem noch vorläufigen Charakter tragen, sollen sie gleichwohl als Beitrag zur aktuellen Auseinandersetzung um die Systematik der Rechtfertigungsgründe eingebracht werden. Dabei bezeichnet „Systematik der Rechtfertigungsgründe" nur den allgemeinen Bezugsrahmen; die Reichweite der Überlegungen ist durch die spezielle Thematik des Züchtigungsrechts vorgegeben. Insofern werden Grenzen und Umfang der Systematisierung durch die in Rede stehende Rechtsfigur determiniert. Während der durch „Systematik der Rechtfertigungsgründe" gesteckte Rahmen auf der einen Seite nicht ausgefüllt wird, wird er andererseits auch wieder gesprengt durch Überlegungen, die nicht spezifisch für den Bereich der Rechtfertigungsgründe sind.

Über den konkreten Bezug zur Züchtigungsbefugnis hinaus sind die einzelnen Gliederungspunkte dadurch verklammert, daß sie in einer eigentümlichen Wechselbeziehung zwischen öffentlichem Recht und Strafrecht stehen. Das Bewußtsein der Verbindung zwischen Strafverfahrensrecht sowie Strafvollzugsrecht und öffentlichem Recht ist dem Strafjuristen seit jeher geläufig. Auch hat das öffentliche Recht in manchen Bereichen des Besonderen Teils des Strafgesetzbuches schon immer eine bedeutsame Rolle gespielt. Nicht zuletzt sehen wir uns durch den Grundsatz der „Einheit der Rechtsordnung" im Bereich des Allgemeinen Teils mit öffentlich-rechtlichen Rechtsfiguren und Strukturen konfrontiert. Gleichwohl steht eine wechselseitige systematische Durchdringung der Materie in diesen Schnittzonen erst in den Anfängen. Gerade die Strafrechtsdogmatik muß gegen „isolationistische Tendenzen" ankämpfen. Insofern mag diese Untersuchung auch als Plädoyer dafür verstanden werden, verstärkt binnenjuristische Zusammenhänge zu suchen.

Es ist indessen nicht beabsichtigt, der aktuellen Streitfrage durch eine Flucht in allgemeine Kategorien auszuweichen. Eine kriminalpolitisch sinnvolle Entscheidung kann aber erst getroffen werden, wenn das strafrechtssystematische Beziehungsgefüge aufgehellt und die relevanten sozialwissenschaftlichen Aspekte eingebracht worden sind. Die Einbeziehung der lern- und verhaltenspsychologischen Untersuchungen hat jene Skepsis gegenüber der körperlichen Züchtigung in der Schule genährt, ohne indessen ihre absolute Untauglichkeit eindeutig zu bestätigen. Zur Vervollständigung des Gesamtbildes erscheint eine empirische Erhebung zur Haltung von Lehrer, Schüler und Eltern gegenüber der körperlichen Züchtigung erwägenswert, deren Ergebnis die mehr skizzenhaften Überlegungen zur Derogation auf eine fundierte Basis stellen würde[268]. Sicher lassen sich noch andere Ergänzungen denken und Assoziationen aufzeigen, denen man hätte nachgehen können. Im Grunde ging es freilich nur darum, aus aktuellem Anlaß die Komplexität der Bezüge des schulischen Züchtigungsrechts ins Blickfeld zu rük-

---

[268] Die von *Marx*, 1969, 108 ff., ermittelten Zahlen dürften heute kaum noch verwendbar sein. Die von ihm durchgeführte Umfrage genügt außerdem vom methodischen Ansatz her ohnehin sozialwissenschaftlichen Ansprüchen nicht. Eine solche Erhebung muß im Zusammenhang mit der Erforschung der Mechanismen gesellschaftlicher Reaktionen auf abweichendes Verhalten gesehen und durchgeführt werden.

ken. Die einzelnen Stufen der Überlegungen stellen sich thesenartig zusammengefaßt wie folgt dar:

1. Die körperliche Züchtigung durch den Lehrer erfüllt den Tatbestand der §§ 223, 340 StGB

Bei aller pädagogischer Intention muß die körperliche Züchtigung als körperliche Mißhandlung angesehen werden. Der Ansatz, dies via Sozialadäquanz „hinwegzuinterpretieren", verfehlt zum einen die Realität und setzt zum andern eine Güterabwägung voraus, die wegen ihrer Komplexität und des fehlenden Bezuges zum geschützten Rechtsgut auf der Tatbestandsebene nicht vorgenommen werden kann. Nur Eingriffe mit Bagatellcharakter werden vom Tatbestand des § 223 StGB nicht erfaßt.

2. Das Züchtigungsrecht des Lehrers als gewohnheitsrechtlicher Rechtfertigungsgrund wurzelt im Schulrecht.

Der gewohnheitsrechtliche Rechtfertigungsgrund des Züchtigungsrechts hat sich als schulrechtliche Materie herausgebildet mit der Konsequenz möglicher Divergenzen in den einzelnen Bundesländern. Die Materie ist einer strafrechtlichen Regelung damit aber nicht entzogen. Vielmehr sind gerade im Bereich strafrechtlicher Rechtfertigungsgründe Kompetenzüberschneidungen denkbar.

3. Gewohnheitsrecht vermag den mit der körperlichen Züchtigung des Lehrers verbundenen Eingriff in das Grundrecht der körperlichen Unversehrtheit (Art. 2 Abs. 2 S. 1 GG) nicht zu rechtfertigen.

Die allgemeine Tendenz der Kultusverwaltungen geht dahin, die Anwendung körperlicher Zuchtmittel in Schulen zu verbieten. Durch bloße innerdienstliche Anweisungen kann freilich das Gewohnheitsrecht nicht außer Kraft gesetzt werden. Sie mögen jedoch als Indiz für einen allmählichen Bewußtseinswandel gewertet werden. Die Erziehungspsychologie mahnt zur Zurückhaltung bei der Anwendung körperlicher Strafen und entwickelt alternative Strategien. Geht man davon aus, daß Gewohnheitsrecht seine Geltungskraft aus dem selbstverständlichen Konsens aller Beteiligten zieht, sind daher Zweifel an der Fortgeltung des schulischen Züchtigungsrechts als Gewohnheitsrecht nicht von der Hand zu weisen. In jedem Fall widerspricht die körperliche Züchtigung durch einen Hoheitsträger auf gewohnheitsrechtlicher Basis den Anforderungen der Verfassung. Die körperliche Züchtigung durch den Lehrer stellt nämlich einen Eingriff in das Grundrecht der körperlichen Unversehrtheit dar, der nur durch formelles Gesetz legitimiert werden kann.

4. Die Verfassungswidrigkeit des gewohnheitsrechtlichen Rechtferti-
gungsgrundes führt zu einer Strafbarkeitslücke, die nur durch for-
melles, die körperliche Züchtigung durch den Lehrer verbietendes
Gesetz geschlossen werden kann.

Der Strafbarkeitsbereich muß nach Art. 103 Abs. 2 GG durch formelles Gesetz abgesteckt werden. Art. 103 Abs. 2 GG findet mit freilich differenzierter Reichweite auf das gesamte materielle Strafrecht Anwendung. Er gilt daher auch für Rechtfertigungsgründe, zumal für den auf
einen spezifischen Tatbestand zugeschnittenen Rechtfertigungsgrund des
Züchtigungsrechts. Im Rahmen der Grenzen des bisher anerkannten
gewohnheitsrechtlichen Rechtfertigungsgrundes bleibt die körperliche
Züchtigung durch den Lehrer daher bis zum Inkrafttreten eines gesetzlichen Verbotes straffrei.

5. Eine Übertragung des elterlichen Züchtigungsrechts auf den Lehrer
kommt nicht in Betracht.

Ein elterliches Züchtigungsrecht wird zwar nach wie vor anerkannt.
Auch kann die Ausübung des elterlichen Züchtigungsrechts auf andere
Personen übertragen werden. Dies gilt jedoch nicht im Verhältnis zum
Lehrer, dessen Befugnisse im schulischen Bereich ausschließlich durch
seine Amtsstellung bestimmt sind.

Dies gilt auch für Privatschulen. Der enge Zusammenhang mit der
Schule läßt auch die Übertragbarkeit für den Bereich von Internaten
zweifelhaft erscheinen.

6. Der Lehrer kann sich auch als Amtsträger auf das Recht der Not-
wehr berufen, freilich mit der Einschränkung, daß er bei Ausübung
des Notwehrrechts die Grundsätze der Verhältnismäßigkeit zu be-
achten hat.

Natürlich können auch im schulischen Bereich Notwehrsituationen,
namentlich bei Tätlichkeiten der Schüler untereinander bzw. gegenüber
dem Lehrer auftreten. Das Notwehrrecht figuriert jedoch nicht als „Er-
satz" für das Züchtigungsrecht, da sich „pädagogische Situation" und
Notwehrlage durchaus nicht entsprechen müssen. Speziell Kindern
gegenüber sind der Ausübung des Notwehrrechts ohnehin Grenzen gesetzt. Darüber hinaus ist der Lehrer als Hoheitsträger in Ausübung
des Notwehrrechts an den Grundsatz der Verhältnismäßigkeit gebunden. Die Notwehrhandlung muß als hoheitlicher Eingriff rechtsstaatlichen Voraussetzungen genügen.

Die konsequente Weiterverfolgung dieser Thesen auf der kriminalpolitischen Ebene mündet darin, eine Entscheidung des Gesetzgebers

in Fragen des schulischen Züchtigungsrechts zu verlangen. In fast der
Hälfte der Bundesländer hat man dieser Forderung unterdessen Rechnung getragen. Die Rechtsentwicklung läuft auch in den anderen Bundesländern eindeutig auf eine Abschaffung des schulischen Züchtigungsrechts hinaus. Zur Aufhebung des Züchtigungsrechts als Rechtfertigungsgrund bedarf es freilich eines formellen Gesetzes. Sollten die
„schulgeographischen" Besonderheiten in Sachen „Züchtigungsrecht"
noch länger fortdauern, was zwar nicht sehr wahrscheinlich, aber doch
immerhin möglich erscheint, wäre der Bundesgesetzgeber aufgerufen,
für Rechtseinheit zu sorgen. Denn mit dem Postulat, daß das Strafrecht
in seinem Kernbestand bundeseinheitlich gelten sollte, läßt sich jedenfalls schwerlich vereinbaren, Lehrer wegen des gleichen Verhaltens in
einigen Bundesländern strafrechtlich zur Verantwortung ziehen zu können, in anderen hingegen nicht[269].

Die Entwicklung scheint also vorgezeichnet: Früher oder später dürfte
das schulische Züchtigungsrecht endgültig in der gesamten Bundesrepublik Deutschland abgeschafft sein. Gleichwohl hinterläßt dieser Kri-
minalisierungsprozeß auch bei prinzipiellen Gegnern der schulischen
Züchtigung ein Rest von Unbehagen. Denn oft genug dürfte die Ohrfeige eher Ausdruck der Insuffizienz des pädagogischen Instrumenta-
riums sein. Manche Züchtigung erscheint weniger als individuelle Fehl-
leistung denn als Ausdruck frustrierender schulischer Rahmenbedingungen. Hier rühren wir einmal mehr an die Grenzen strafrechtlicher So-
zialkontrolle. Einerseits bedarf es zur Vermeidung bestimmter, immer
wiederkehrender Übergriffe einer eindeutigen Entscheidung in Form der
Kriminalisierung. Andererseits müssen wir uns von vornherein darüber im klaren sein, daß ohne flankierende Maßnahmen im schulisch-
pädagogischen Bereich, die die disziplinarischen Schwierigkeiten weiter
abbauen helfen, das gewünschte Ziel nicht erreicht werden kann. Hinzu kommt, daß die strafrechtlichen Reaktionsmechanismen gerade in
diesem Bereich durch mangelnde Flexibilität gekennzeichnet sind. Die
Aufhebung des Rechtfertigungsgrundes hat nämlich zur Folge, daß die
körperliche Züchtigung in der Schule nicht nur als Körperverletzung,
sondern als Körperverletzung im Amt zu ahnden ist. Die Strafverfol-
gung steht also nicht zur Disposition des Verletzten bzw. seiner Erziehungsberechtigten, sondern erfolgt von Amts wegen. Dieser Umstand
hat sicher dazu beigetragen, daß man sich in einigen Bundesländern
noch nicht zu einem gesetzlichen Verbot der körperlichen Züchtigung
hat durchringen können. Insofern muß die Beseitigung des Züchtigungsrechts auch im Zusammenhang mit der in Aussicht gestellten Revision

---

[269] Zur Bedeutung des Gleichheitssatzes in diesem Zusammenhang *Jescheck*,
1972, 89.

des Tatbestandes der Körperverletzung im Amt gesehen werden[270], dessen schematisierende Strafschärfung für alle Amtsträger nicht nur in diesem Bereich zu Friktionen führt.

---

[270] Vgl. den Hinweis in BT-Dr. 7/550, S. 277. In diesem Zusammenhang ist weniger an die Aufhebung des § 340 StGB zu denken; dagegen auch *Wagner*, 1975, 278. Vielmehr sollte versucht werden, das Amtsdelikt auf jene Konstellationen zu beschränken, in denen eine besondere Kontrolle des Amtsträgers wegen der ihm im Zusamenhang mit seiner Position zustehenden Machtmittel erforderlich ist.

Literaturverzeichnis

Amelung/Schall	Knut Amelung, Hero Schall, Zum Einsatz von Polizeispitzeln: Hausfriedensbruch und Notstandsrechtfertigung, Wohnungsgrundrecht und Durchsuchungsbefugnis — OLG München, DVBl 1973, 221, in: JuS 1975, 565—572.
Arzt	Gunther Arzt, Notwehr, Selbsthilfe, Bürgerwehr. Zum Vorrang der Verteidigung der Rechtsordnung durch den Staat, in: Festschr. f. Schaffstein, Schwartz, Göttingen 1975, S. 77—88.
Baumann	Jürgen Baumann, Minima non curat praetor, in: Festschr. f. K. Peters, Mohr (Siebeck), Tübingen 1974, S. 3—14.
Baumann	Jürgen Baumann, Strafrecht, Allgemeiner Teil, 8. Aufl., Gieseking, Bielefeld 1977.
Blankenburg	Erhard Blankenburg, Forensische Soziologie, in: Kleines Kriminologisches Wörterbuch, hrsg. v. G. Kaiser, F. Sack, H. Schellhoss, Herder, Freiburg 1974, S. 99—101.
Blei	Hermann Blei, Probleme des polizeilichen Waffengebrauchs, in: JZ 1955, 625—631.
Blei	Hermann Blei, Strafrecht, Besonderer Teil/1, Prüfe Dein Wissen, Heft 10/1, 6. Aufl., Beck, München 1974.
Blei	Hermann Blei, Strafrecht II, Besonderer Teil, 10. Aufl., Beck, München 1976.
Bockelmann	Paul Bockelmann, Menschenrechtskonvention und Notwehrrecht, in: Festschr. f. Engisch, Klostermann, Frankfurt 1969, S. 456—467.
Bockelmann	Paul Bockelmann, Strafrecht, Allgemeiner Teil, 2. Aufl., Beck, München 1975. Zit.: Bockelmann, 1975 a.
Bockelmann	Paul Bockelmann, Rechtsgutachten zu § 41 Abs. 2 und § 44 des Musterentwurfs eines einheitlichen Polizeigesetzes, Anlage 1, 39 S., 1975. Zit.: Bockelmann, 1975 b.
Bolstad/Johnson	Orin D. Bolstad, Stephen M. Johnson, Self-Regulation in the Modification of Disruptive Classroom Behavior, in: Journal of Applied Behavior Analysis 1972, 443—454.

van Calker   Fritz van Calker, Strafrecht, 4. Aufl., Schweitzer,
                          München—Berlin—Leipzig 1933.

v. Campenhausen   Axel Freiherr v. Campenhausen, Erziehungsauf-
                          trag und staatliche Schulträgerschaft. Die recht-
                          liche Verantwortung für die Schule, Vandenhoeck
                          & Ruprecht, Göttingen 1967.

Dreher   Eduard Dreher, Der Irrtum über Rechtfertigungs-
                          gründe, in: Festschr. f. Ernst Heinitz, de Gruyter,
                          Berlin 1972, S. 207—228.

Dreher   Eduard Dreher, Strafgesetzbuch mit Nebengeset-
                          zen und Verordnungen, 37. Aufl., Beck, München
                          1977.

Driewer   Gerhard Driewer, Die verfassungsrechtlichen Bin-
                          dungen bei der Beschränkung des Postverkehrs
                          von Straf- und Untersuchungsgefangenen. Zu-
                          gleich ein Beitrag zur Vollzugsreform, Diss. Bo-
                          chum, 1969.

Enneccerus/Nipperdey   Ludwig Enneccerus, Hans Carl Nipperdey, Allge-
                          meiner Teil des Bürgerlichen Rechts, 1. Hbb., 15.
                          Aufl., Mohr (Siebeck), Tübingen 1959.

Eser   Albin Eser, Strafrecht I, Juristischer Studienkurs,
                          2. Aufl., Beck, München 1976.

Esser   Josef Esser, Richterrecht, Gerichtsgebrauch und
                          Gewohnheitsrecht, in: Festschr. f. Fritz v. Hippel,
                          Mohr (Siebeck), Tübingen 1967, S. 95—130.

Euler   Harald E. Euler, Aggressionskontrolle mit Metho-
                          den der Verhaltenstherapie, in: A. Schmidt-Mum-
                          mendey / H. D. Schmidt, Aggressives Verhalten.
                          Neue Ergebnisse der psychologischen Forschung,
                          Juventa, München 1971, S. 209—231.

Fincke   Martin Fincke, Das Verhältnis des Allgemeinen
                          Teils zum Besonderen Teil des Strafrechts,
                          Schweitzer, Berlin 1975.

Finger   August Finger, Lehrbuch des Deutschen Straf-
                          rechts, 1. Bd., Heymanns, Berlin 1904.

Gasser   Peter Gasser, Disziplinarkonflikte im Unterricht.
                          Beltz, Basel 1973.

Giese/Schunck   Friedrich Giese, Egon Schunck, Grundgesetz für
                          die Bundesrepublik Deutschland, 8. Aufl., Kom-
                          mentator, Frankfurt 1970.

Gnagey   William J. Gnagey, Discipline, Classroom, in: The
                          Encyclopedia of Education, L. C. Deighton (Ed.),
                          Volume 3, Macmillan & Free Press, (ohne Erschei-
                          nungsort), 1971, S. 94—99.

Grünwald   Gerald Grünwald, Zur verfassungsrechtlichen
                          Problematik der rückwirkenden Änderung von
                          Verjährungsvorschriften, in: MDR 1965, 521—525.

Hanack	Ernst-Walter Hanack, Anmerkung zu BGH, JZ 1965, 220, in: JZ 1965, 221—224.
Havenstein	Havenstein, Das Züchtigungsrecht der Lehrer, in: GA 1904, 241—259.
Heck/Tschampa	Gerhard Heck, Helmut Tschampa, Konfliktregelung in der Schule, Beltz, Weinheim—Basel, 1976.
Heckel/Seipp	Hans Heckel, Paul Seipp, Schulrechtskunde, 4. Aufl., Luchterhand, Neuwied—Berlin 1969.
Herrmann/Heuer	Carl Herrmann, Gerhard Heuer, Kommentar zur Einkommensteuer und Körperschaftssteuer einschließlich Nebengesetze, Bd. I, 17. Aufl., Schmidt, Köln—Marienburg (Stand: 1975).
Hesselberger	Dieter Hesselberger, Die verfassungsrechtliche Zulässigkeit von Erziehungs-, Sicherungs- und Strafmaßnahmen gegenüber Schülern, in: RdJ 1974, 17—21.
v. Hippel	Robert v. Hippel, Deutsches Strafrecht, 2. Bd., Springer, Berlin 1930.
Hirsch	Hans Joachim Hirsch, Soziale Adäquanz und Unrechtslehre, in: ZStW 74 (1962), 78—135.
Hoffmann(-Riem)	Wolfgang Hoffmann(-Riem), Die polizeiliche Sistierung zur Feststellung von Personalien, in: DVBl 1967, 751—758.
Hoffmann-Riem	Wolfgang Hoffmann-Riem, Zur Verfassungsmäßigkeit der Pressefusionskontrolle. Gutachtliche Stellungnahme zu dem Fragenkatalog des Bundestagsausschusses für Wirtschaft, unveröffentlichtes Manuskript, 111 S., 1975. Zit.: Hoffmann-Riem, 1975 a.
Hoffmann-Riem	Wolfgang Hoffmann-Riem, Medienwirkung und Medienverantwortung, in: Fr. Kübler (Hrsg.), Medienwirkung und Medienverantwortung, Nomos, Baden-Baden, 1975, S. 19—55. Zit.: Hoffmann—Riem, 1975 b.
Hopt	Klaus Hopt, Was ist von den Sozialwissenschaften für die Rechtsanwendung zu erwarten? In: JZ 1975, 341—349.
Horney/Müller	Walter Horney, H. A. Müller, Schule und Disziplin, Bertelsmann, Gütersloh 1964.
Jesch	Dietrich Jesch, Gesetz und Verwaltung. Eine Problemstudie zum Wandel des Gesetzmäßigkeitsprinzips, Tübinger Rechtswissenschaftliche Abhandlungen, Bd. 2, Mohr (Siebeck), Tübingen 1961.
Jescheck	Hans-Heinrich Jescheck, Lehrbuch des Strafrechts, Allgemeiner Teil, 2. Aufl., Duncker & Humblot, Berlin 1972.

Jung	Heike Jung, Der Einfluß des englischen Rechts im südafrikanischen Strafrecht, Rechtsvergleichende Untersuchungen zur gesamten Strafrechtswissenschaft, N. F., Bd. 47, Röhrscheid, Bonn 1973.
Jung	Heike Jung, Straffreiheit für den Kronzeugen? Annales Universitatis Saraviensis, Rechts- und Wirtschaftswissenschaftliche Abteilung, Bd. 77, Heymanns, Köln—Berlin—Bonn—München 1974.
Jung	Heike Jung, Strafrechtsreform im Einführungsgesetz, in: Roxin/Stree/Zipf/Jung, Einführung in das neue Strafrecht, Schriftenreihe der Juristischen Schulung, Bd. 30, 2. Aufl., Beck, München 1975, S. 111—137.
Jung	Heike Jung, Strafrechtsdogmatische, kriminologische und kriminalpolitische Aspekte der Kindesmißhandlung, in: MschrKrim 1977, 89—99.
Karstendiek	Helmut Karstendiek, Nochmals: Züchtigungsrecht heute, in: DRiZ 1975, 333—334.
Kempf	Eberhard Kempf, Grundrechte im besonderen Gewaltverhältnis — BVerfG, NJW 1972, 811, in: JuS 1972, 701—706.
Kielwein	Gerhard Kielwein, Grundgesetz und Strafrechtspflege, in: Annales Universitatis Saraviensis, Rechts- und Wirtschaftswissenschaften, Vol. VIII, Fasc. 1/2, 1960, S. 127—136.
Kienapfel	Diethelm Kienapfel, Körperliche Züchtigung und soziale Adäquanz im Strafrecht, Freiburger Rechts- und Staatswissenschaftliche Abhandlungen, Bd. 16, Müller, Karlsruhe 1961.
Kinnen	Dieter Kinnen, Notwehr und Nothilfe als Grundlagen hoheitlicher Gewaltanwendung, in: MDR 1974, 631-634.
Klug	Ulrich Klug, Sozialkongruenz und Sozialadäquanz im Strafrechtssystem, in: Festschr. f. Eb. Schmidt, Vandenhoeck & Ruprecht, Göttingen, 1961, S. 249—265.
Kohlmann	Günter Kohlmann, Der Begriff des Staatsgeheimnisses (§ 93 StGB und § 99 Abs. 1 StGB a. F.) und das verfassungsrechtliche Gebot der Bestimmtheit von Strafvorschriften (Art. 103 Abs. 2 GG). Schmidt, Köln—Marienburg, 1969.
Kratzsch	Dietrich Kratzsch, § 53 StGB und der Grundsatz nullum crimen sine lege, in: GA 1971, 65—82.
Kratzsch	Dietrich Kratzsch, Das (Rechts-) Gebot zu sozialer Rücksichtnahme als Grenze des strafrechtlichen Notwehrrechts — BGH, NJW 1975, 62, in: JuS 1975, 435—441.

Krauß	Detlef Krauß, Erfolgsunwert und Handlungsunwert im Unrecht, in: ZStW 76 (1964), 19—68.
Krauß	Detlef Krauß, Die Anmaßung der Ämter, in: DIE ZEIT, Heft 14 v. 25. 3. 1977, S. 5 f.
Krey/Meyer	Volker Krey, Wolfgang Meyer, Zum Verhalten von Staatsanwaltschaft und Polizei bei Delikten mit Geiselnahme, in: ZRP 1973, 1—5.
Lackner	Karl Lackner, Strafgesetzbuch mit Erläuterungen, 11. Aufl., Beck, München 1977.
R. Lange	Richard Lange, Rechtsgutachten über Fragen aus dem Musterentwurf eines einheitlichen Polizeigesetzes des Bundes und der Länder, Anlage 1, 33 S., 1975.
R. Lange	Richard Lange, Der „gezielte Todesschuß", in: JZ 1976, 546—548.
W. Lange	Wilfried Lange, Probleme des polizeilichen Waffengebrauchsrechts, in: MDR 1974, 357—359.
Larenz	Karl Larenz, Methodenlehre der Rechtswissenschaft, 3. Aufl., Springer, Berlin—Heidelberg-New York 1975.
Leipziger Kommentar	Strafgesetzbuch, Kommentar begr. v. L. Ebermayer, A. Lobe, W. Rosenberg, 9. Aufl., hrsg. v. P. Baldus u. G. Willms, 1. u. 2. Bd., de Gruyter, Berlin—New York, 1974.
Lerche	Peter Lerche, Die Gesetzgebungskompetenz von Bund und Ländern auf dem Gebiete des Presserechts, in: JZ 1972, 468—474.
Lerche	Peter Lerche, Rechtsgutachten zu § 41 Abs. 2 und § 44 Musterentwurf eines einheitlichen Polizeigesetzes, Anlage 1, 57 S., 1975.
Löhning	Bernd Löhning, Der Vorbehalt des Gesetzes im Schulverhältnis, Schriften zum Öffentlichen Recht, Bd. 239, Duncker & Humblot, Berlin 1974.
Lohse/van der Felden	Volker Lohse, Bernd van der Felden, Der praktische Fall, Öffentliches Recht: Der Banküberfall, in: JuS 1975, 580—584.
Marx	Hans-Albert Marx, Das Gewohnheitsrecht im heutigen Strafrecht, Mainzer Diss., 1969.
Maunz/Dürig/Herzog	Theodor Maunz, Günter Dürig, Roman Herzog, Grundgesetz, 3. Aufl., Beck, München (Stand: 1973).
Maurach	Reinhart Maurach, Deutsches Strafrecht, Allgemeiner Teil, 4. Aufl., Müller, Karlsruhe 1971.
Maurach/Zipf	Reinhart Maurach, Heinz Zipf, Strafrecht, Allgemeiner Teil, Teilband 1. Grundlehren des Strafrechts und Aufbau der Straftat. Ein Lehrbuch, 5. Aufl., Müller, Heidelberg—Karlsruhe 1977.

Merten	Detlef Merten, Gutachtliche Stellungnahme zu §§ 41 Abs. 2, 44 des Musterentwurfs eines einheitlichen Polizeigesetzes, Anlage 1, 64 S., 1975.
Meyer/Allfeld	Hugo Meyer, Philipp Allfeld, Lehrbuch des Deutschen Strafrechts, 7. Aufl., Deichert, Leipzig 1912.
Minas-v. Savigny	Jutta Minas-v. Savigny, Negative Tatbestandsmerkmale. Ein Beitrag zur Rechtssatz- und Konkurrenzlehre, Annales Universitatis Saraviensis, Rechts- und Wirtschaftswissenschaftliche Abteilung, Bd. 68, Heymanns, Köln—Berlin—Bonn—München 1972.
H. Müller	Hellmut Müller, Die ungeschriebenen (ungesetzten) Rechtsquellen der Verwaltung im Lichte des Grundgesetzes, Diss. Würzburg, 1970.
Müller-Dietz	Heinz Müller-Dietz, Anmerkung zu BGH, JZ 1973, 126, in: JZ 1973, 129—132.
Müller-Dietz	Heinz Müller-Dietz, Verfassung und Strafvollzugsgesetz, in: NJW 1972, 1161—1167. Zit.: Müller-Dietz, 1972 a.
Müller-Dietz	Heinz Müller-Dietz, Verfassungsbeschwerde und richterliche Tatbestandsauslegung im Strafrecht, in: Festschr. f. Maurach, Müller, Karlsruhe 1972, S. 41—50. Zit.: Müller-Dietz, 1972 b.
Müller-Dietz	Heinz Müller-Dietz, Die Straflosigkeit wegen mangelnder Strafwürdigkeit der Tat (§ 42 ÖStGB), unveröffentlichtes Manuskript, 24 S., 1976.
v. Münch	Grundgesetz-Kommentar, hrsg. v. Ingo Münch, Bd. 1 (Präambel bis Art. 20), Athenäum Fischer, Frankfurt 1974.
Naucke	Wolfgang Naucke, Über die juristische Relevanz der Sozialwissenschaften, Metzner, Frankfurt 1972.
v. Olshausen	Justus v. Olshausen, Strafgesetzbuch für das Deutsche Reich, 11. Aufl., 2. Bd., bearb. v. Lorenz u. a., Vahlen, Berlin 1927.
Oppermann	Thomas Oppermann, Nach welchen rechtlichen Grundsätzen sind das öffentliche Schulwesen und die Stellung der an ihm Beteiligten zu ordnen? In: Verhandlungen des 51. Deutschen Juristentages, Bd. I (Gutachten), Beck, München 1976, Gutachten C.
Ossenbühl	Fritz Ossenbühl, Verwaltungsvorschriften und Grundgesetz, Gehlen, Bad Homburg v. d. H.—Berlin—Zürich 1968.
Pestalozza	Christian Pestalozza, Thesen zur kompetenzrechtlichen Qualifikation von Gesetzen im Bundesstaat, in: DÖV 1972, 181—191.
Petri	Horst Petri, Abschaffung des elterlichen Züchtigungsrechtes, in: ZRP 1976, 64 f.

Preisendanz	Holger Preisendanz, Strafgesetzbuch, 29. Aufl., Schweitzer, Berlin 1975.
Ramp/Ulrich/Dulaney	Eugene Ramp, Roger Ulrich, Sylvia Dulaney, Delayed Timeout as a Procedure for Reducing Disruptive Classroom Behavior: A Case Study, in: Journal of Applied Behavior Analysis, 1971, 235—239.
Redelberger	Redelberger, Das Züchtigungsrecht des Lehrers, in: NJW 1952, 1158—1162.
Roxin	Claus Roxin, Verwerflichkeit und Sittenwidrigkeit als unrechtsbegründende Merkmale im Strafrecht, in: JuS 1964, 373—381.
Roxin	Claus Roxin, Kriminalpolitik und Strafrechtssystem, 2. Aufl., de Gruyter, Berlin—New York 1973.
Roxin/Schünemann/Haffke	Claus Roxin, Bernd Schünemann, Bernhard Haffke, Strafrechtliche Klausurenlehre mit Fallrepetitorium, 2. Aufl., Heymanns, Köln—Berlin—Bonn —München 1975.
Rudolphi	Hans-Joachim Rudolphi, Inhalt und Funktion des Handlungsunwertes im Rahmen der personalen Unrechtslehre, in: Festschr. f. Maurach, Müller, Karlsruhe 1972, S. 51—73.
Rupp	Hans Heinrich Rupp, Die „Verwaltungsvorschriften" im grundgesetzlichen Normensystem. Zum Wandel einer verfassungsrechtlichen Institution, in: JuS 1975, 609—617.
Rupprecht	Reinhard Rupprecht, Die tödliche Abwehr des Angriffs auf menschliches Leben, in: JZ 1973, 263—267.
Rupprecht	Reinhard Rupprecht, Polizeilicher Todesschuß und Wertordnung des Grundgesetzes, in: Festschr. f. Geiger, Mohr (Siebeck), Tübingen 1974, S. 781—794.
Schall	Hero Schall, Anmerkung zu BGH, NJW 1976, 1949, in: NJW 1977, 113 f.
Scheuerle	Wilhelm A. Scheuerle, Das Wesen des Wesens. Studien über das sogenannte Wesensargument im juristischen Begründen, in: AcP 163 (1964), 429—471.
Schmidhäuser	Eberhard Schmidhäuser, Strafrecht, Allgemeiner Teil, Mohr (Siebeck), 2. Aufl., Tübingen 1975, Zit.: Schmidhäuser, 1975 a.
Schmidhäuser	Eberhard Schmidhäuser, Strafrechtliches Gutachten zu § 41 Abs. 2 und § 44 des Musterentwurfs eines einheitlichen Polizeigesetzes des Bundes und der Länder, Anlage 1, 1975, 30. S. Zit.: Schmidhäuser, 1975 b.

Eg. Schneider	Egon Schneider, Züchtigungsrecht heute! In: DRiZ 1975, 149.
Schönke/Schröder	Adolf Schönke, Horst Schröder, Strafgesetzbuch, 7. Aufl., Beck, München—Berlin 1954.
Schönke/Schröder	Adolf Schönke, Horst Schröder, Strafgesetzbuch, 18. Aufl., Beck, München 1976.
Schreiber	Hans-Ludwig Schreiber, Gesetz und Richter, Zur geschichtlichen Entwicklung des Satzes nullum crimen, nulla poena sine lege, Metzner, Frankfurt 1976.
Schreiber	Hans-Ludwig Schreiber, Rückwirkungsverbot bei einer Änderung der Rechtsprechung im Strafrecht? In: JZ 1973, 713—718.
Schroeder	Friedrich-Christian Schroeder, Die Notwehr als Indikator politischer Grundanschauungen, in: Festschr. f. Maurach, Müller, Karlsruhe 1972, S. 127—142.
Schüler-Springorum	Horst Schüler-Springorum, Prügel und Pranger, in: Festschr. f. H. Henkel, de Gruyter, Berlin—New York 1974, S. 141—150.
Schwabe	Jürgen Schwabe, Die Notrechtsvorbehalte des Polizeirechts, in: JZ 1974, 634—639. Zit.: Schwabe, 1974 a.
Schwabe	Jürgen Schwabe, Grenzen des Notwehrrechts, in: NJW 1974, 670—673. Zit.: Schwabe, 1974 b.
Seelmann	Kurt Seelmann, Grenzen privater Nothilfe, in: ZStW 89 (1977), 36—60.
Smith	Othanel Smith, Discipline, in: Encyclopedia of Educational Research, R. Ebel (Ed.), 4th ed., Macmillan, Collier-Macmillan, London 1969, S. 292—297.
Stenglein	Stenglein, Das Reichsgericht und das Züchtigungsrecht der Lehrer, in: GS 42 (1889), 1—34.
Stratenwerth	Günter Stratenwerth, Strafrecht, Allgemeiner Teil I. Die Straftat, 2. Aufl., Heymanns, Köln—Berlin—Bonn—München 1976.
Stree	Walter Stree, Rechtswidrigkeit und Schuld, in: Roxin/Stree/Zipf/Jung, Einführung in das neue Strafrecht, 2. Aufl., Beck, München 1975, S. 34—61.
Sturm	Gerd Sturm, Die Schule im Rechtsstaat, in: RdJ 1974, 1—7.
Stutte	Hermann Stutte, Probleme der körperlichen und seelischen Kindesmißhandlung, in: Jahrbuch der Jugendpsychiatrie und ihre Grenzgebiete 1971, 122—133.

Systematischer Kommentar Hans-Joachim Rudolphi, Eckhard Horn, Erich Samson, Hans-Ludwig Schreiber, Systematischer Kommentar zum Strafgesetzbuch, Bd. 1, Allgemeiner Teil, Metzner, Frankfurt 1975, Bd. 2, Besonderer Teil, Metzner, Frankfurt 1976.

Tomuschat   Christian Tomuschat, Verfassungsgewohnheitsrecht? Eine Untersuchung zum Staatsrecht der Bundesrepublik Deutschland, Winter, Heidelberg 1972.

Wagner   Heinz Wagner, Neue Tendenzen im Bereich der Amtsdelikte, in: ZRP 1975, 273—278.

Welzel   Hans Welzel, Das Deutsche Strafrecht, 11. Aufl., de Gruyter, Berlin 1969.

Wessels   Johannes Wessels, Strafrecht, Allgemeiner Teil, 6. Aufl., Müller, Karlsruhe—Heidelberg 1976.

v. Winterfeld   Achim von Winterfeld, Der Todesschuß der Polizei, in: NJW 1972, 1881—1884.

Würtenberger   Thomas Würtenberger, Zur strafrechtlichen Bedeutung des Züchtigungsrechts des Lehrers, in: DRZ 1948, 291—293.

Würtenberger   Thomas Würtenberger, Gewalt und Kriminalität in der Familie, in: F. Neidhardt, F. Sack, Th. Würtenberger, K. Lüscher, H. Thiersch, Aggressivität und Gewalt in unserer Gesellschaft, Juventa, München 1973, S. 63—82.

Wüstrich   Wolfgang Wüstrich, Anmerkung zu OLG Zweibrücken, NJW 1974, 1772, in: NJW 1974, 2289—2290.

Zipf   Heinz Zipf, Rechtskonformes und sozialadäquates Verhalten im Strafrecht, in: ZStW 82 (1970), 633—654.

Züghart   Eduard Züghart, Disziplinkonflikte in der Schule, 2. Aufl., Schroedel, Berlin—Hannover—Darmstadt 1961.

MIX
Papier aus verantwortungsvollen Quellen
Paper from responsible sources
FSC® C105338

Printed by Libri Plureos GmbH
in Hamburg, Germany